HISTOIRE HÉROÏQUE

& CHEVALERESQUE

DES

ALFONSE D'ESPAGNE

PAR

LE BARON ED. DE SEPTENVILLE

Membre de la Chambre des Députés pour le département
de la Somme — Officier d'Académie
Commandeur du nombre extraordinaire des Ordres royaux de
Charles III et d'Isabelle-la-Catholique d'Espagne.
Commandeur de l'Ordre royal et Militaire du Christ, de Portugal
Officier de l'Ordre royal de la Couronne d'Italie
Chevalier des Ordres de Notre-Dame de Guadalupe, de
Mexique, etc., etc. — Membre de la Société des Antiquaires de
France, de l'Académie royale espagnole d'archéologie et de
Géographie du prince Alfonse, de l'Académie des Quirites de
Rome et de diverses autres Académies et Sociétés savantes
de France et l'Étranger.

AVEC UNE PRÉFACE PAR

HENRI GOURDON DE GENOUILLAC

Officier d'Académie,
Officier de l'Ordre du Nichan, — Chevalier des Ordres du Christ,
de Portugal, et des SS. Maurice et Lazare, d'Italie, etc.

PARIS

LIBRAIRIE GÉNÉRALE	LIBRAIRIE Ancienne et Moderne
72,	JULES MARTIN
Boulevard Haussmann,	18, rue Séguier-Saint-André-des-Arts

1879

HISTOIRE HÉROIQUE & CHEVALERESQUE

DES

ALFONSE D'ESPAGNE

HISTOIRE HÉROÏQUE

& CHEVALERESQUE

DES

ALFONSE D'ESPAGNE

PAR

LE BARON ED. DE SEPTENVILLE

Membre de la Chambre des Députés pour le département
de la Somme — Officier d'Académie
Commandeur du nombre extraordinaire des Ordres royaux de
Charles III et d'Isabelle-la-Catholique d'Espagne.
Commandeur de l'Ordre royal et Militaire du Christ, de Portugal
Officier de l'Ordre royal de la Couronne d'Italie
Chevalier des Ordres de Notre-Dame de Guadalupe, de
Mexique, etc., etc. — Membre de la Société des Antiquaires de
France, de l'Académie royale espagnole d'archéologie et de
Géographie du prince Alfonse, de l'Académie des Quirites de
Rome et de diverses autres Académies et Sociétés savantes
de France et l'Etranger.

AVEC UNE PRÉFACE PAR

HENRI GOURDON DE GENOUILLAC

Officier d'Académie,
Officier de l'Ordre du Nichan, — Chevalier des Ordres du Christ,
de Portugal, et des SS. Maurice et Lazare, d'Italie, etc.

PARIS

LIBRAIRIE GÉNÉRALE	LIBRAIRIE Ancienne et Moderne
72,	JULES MARTIN
Boulevard Haussmann,	18, rue Ségnier-Saint-André-des-Arts

1879

A Sa Majesté ALFONSE XII

ROI D'ESPAGNE

SIRE,

Ce Livre est le résultat de l'impression produite sur l'esprit d'un gentilhomme français par la lecture des Chroniques espagnoles particulières aux règnes des onze Alfonse qui gouvernèrent l'Espagne.

Je le dépose humblement aux pieds du Roi Alfonse douzième, Restaurateur de la Monarchie espagnole, comme un témoignage d'admiration pour Son Caractère et de respect pour sa Personne.

Que Votre Majesté daigne accepter ce modeste travail dont le seul mérite réside dans le choix d'un sujet dont la magnificence n'a pas d'égale.

J'ai l'honneur d'être avec le plus profond respect,

De Votre Majesté,

Le plus humble serviteur,

BARON ED. DE SEPTENVILLE.

DÉPUTÉ.

Château de LIGNIÈRES,
 Poix (Somme — France.)

PRÉFACE

PRÉFACE

—

De tous temps, les écrivains français ont aimé à écrire sur l'Espagne.

Historiens et poëtes ont été attirés, ceux-ci par le charme qui se dégage de cette fière péninsule hispanique, si pleine de traditions attachantes, dont la foi vive s'accuse par de si touchantes légendes ; ceux-là par les fastes d'une nation chevaleresque entre toutes, par les grands caractères de ces hommes de bronze, dont la réputation de vaillance a traversé les âges, et dont les vertus austères commandent l'admiration et le respect.

L'histoire de l'Espagne est une longue épopée ; interrogeons ces livres fameux que le savant Alfonse X appelait si justement *las historias de los grandes fechos de armas que las ostros fecieron. La cronica général de Espana los cronicas de los reyes de Castilla, D. Pedro el Cruel, Enrique II, Juan I° y Enrique III. Algunas de las hazanas del muy excelente senor Llamado el gran capitan,* etc., etc., et l'esprit est émerveillé au récit de tant de grands faits, de nobles actions et d'exemples à suivre.

L'Espagne de Pélage comme celle de Charles-Quint ; l'Espagne de Ferdinand le Catholique comme celle d'Alfonse XII, n'a pas changé, sous le rapport de la mâle énergie de son peuple et de l'affection de ses rois pour leurs sujets.

Nous comprenons que le désir de retracer l'histoire héroïque et chevaleresque des Alfonse d'Espagne, ait tenté l'éminent écrivain, dont les remarquables travaux sur la péninsule, sont aussi appréciés en deçà qu'au-delà des Pyrénées. M. le baron

Edouard de Septenville professe, comme nous-même, une grande et respectueuse sympathie pour l'Espagne, qu'on ne peut s'empêcher d'aimer, lorsqu'on l'étudie non-seulement dans l'ensemble de son développement si prodigieux, mais encore dans les moindres détails des grands événements qui l'ont illustrée.

Ce fut en 1865 que parut la premièr édition de *l'Histoire héroïque et chevaleresque des Alfonse*, et ce livre, écrit avec soin par un esprit cultivé, eut la bonne fortune d'être placé sous le patronage de son Altesse royale Don Alfonse, prince des Asturies, l'auteur le lui ayant dédié.

Mais, depuis 1865, de grands événements se sont passés.

Le prince des Asturies est devenu roi, et un douzième Alfonse a du être ajouté aux glorieux rois de ce nom, dont M. le baron de Septenville s'est fait l'historien.

L'auteur a puisé ses renseignements

aux meilleures sources ; ce n'est pas uniquement l'œuvre d'un érudit fouillant à travers les arcanes du passé pour reconstruire la filière des siècles disparus ; homme politique, il a su envisager, comme il convient, les hautes vues de ces monarques, dont le nom rayonne d'un éclat si pur et si brillant.

Onze sur les douze Alfonse ont vécu et gouverné l'Espagne du VIIIe au XIVe siècle, l'Espagne catholique, soumise à ses lois, fidèle à ses princes ; puis, d'autres siècles passèrent sans que ce nom glorieux reparut.

Il était réservé à notre siècle de le voir renaître en la personne de S. M. Alfonse XII, qui vient, continuateur de la grande race, la faire revivre en perpétuant la tradition et en rendant à l'Espagne les bienfaits d'un gouvernement approprié aux besoins de son époque et puisant sa force dans le vœu national, d'accord avec le droit héréditaire.

Quel rapprochement ne peut-on pas tirer de la situation identique que présente l'avénement au trône, du premier et du dernier Alfonse !

L'Espagne d'Alfonse le Catholique était au pouvoir des Maures, lorsque le vaillant fils du duc de Cantabrie et de Biscaye, « dont l'enfance s'était écoulée au milieu des « luttes que les Chrétiens soutenaient alors « contre les Mahométans », fut appelé au trône, acclamé par tous les Espagnols, qui avaient su apprécier son courage militaire, son caractère chevaleresque et sa paternelle bonté.

L'Espagne de notre temps, livrée par l'intrigue aux mains des ambitieux qui se disputaient le pouvoir, voyait chaque jour ses ressources se tarir, le fléau de la discorde ensanglanter son sol fécond, et l'anarchie prendre à tâche de détruire lentement, mais sûrement, toutes les forces vives de la nation.

Ce fut alors que, semblables aux compagnons de Pélage, qui, pendant l'occupation des Maures, n'avaient cessé de lutter contre les envahisseurs et de conserver l'espoir d'en délivrer le pays, ceux qui savaient que l'Espagne, en adoptant par surprise une forme de gouvernement en opposition avec ses principes, ses mœurs et ses aspirations, attendait avec impatience l'heure de sa délivrance, se mirent en devoir de soustraire leur patrie au joug des révolutionnaires qui la conduisaient à sa ruine.

N'y a-t-il pas un enseignement profond dans ce fait providentiel qui se reproduit de la sorte, et n'est-ce pas la volonté divine qui semble avoir choisi, à dix siècles d'intervalle, deux Alfonse pour en faire les libérateurs de l'Espagne !

Alfonse Ier, nous apprend le baron de Septenville, se fit remarquer par une valeur qui devait plus tard porter d'heureux fruits,

et il apprit le noble métier des armes sous
le roi Egiza.

Alfonse XII aussi, excelle dans ce « noble métier », et forcé par les événements à
combattre des partisans égarés sous les plis
d'un drapeau qui eût dû s'incliner devant le
nouveau roi constitutionnel, il montra qu'il
était brave comme son épée et digne de
commander, comme un chef d'armée expé-
rimenté, les vaillantes troupes qu'il enthou-
siasmait par son ardeur belliqueuse ; les
études spéciales qu'il fit à Sandhurst, ont
développé en lui les meilleures qualités militaires.

Et ce n'est pas seulement avec Alfonse Ier
qu'on peut le mettre en parallèle, mais aussi
avec Alfonse-le-Grand, l'homme le plus
instruit et le plus savant de son siècle.

Le brillant élève du collège Stanislas,
de Paris, du Theresianum, de Vienne (qui
apprit en quatre mois la langue allemande),
a le goût inné des sciences et des lettres, et

depuis qu'il règne, les savants, les artistes et les lettrés ont trouvé, en Espagne, une protection éclairée dont les excellents effets se font déjà sentir par l'impulsion donnée à la production des œuvres de l'intelligence.

Mais ce n'est pas un panégyrique que nous écrivons, et nous ne sommes pas courtisan; cependant, il est difficile de ne pas louer sans réserve, ces grands caractères que le baron de Septenville a retracés, et de ne pas mêler sa voix à celle des amis de l'Espagne, pour la féliciter d'avoir compris que toutes les conditions de paix, de stabilité, de grandeur et d'avenir, résident dans cette restauration de la monarchie, qui s'est accomplie pacifiquement et comme un grand acte de justice et d'équité.

Remercions M. le baron de Septenville d'avoir, en sa qualité de français, élevé un monument durable à la gloire des Alfonse d'Espagne. Nous avons tous présent à la mémoire, le souvenir du séjour que fit sur notre sol cette noble famille royale d'Espagne, entourée de la sympathie universelle.

Nous joignons de tout cœur nos vœux à ceux que forme l'Europe monarchique pour la prospérité du règne de ce jeune roi, qui, sagement libéral, animé du vif désir de se consacrer entièrement au bonheur de son peuple, a pris pour programme la conciliation de l'ordre et de la liberté, bases de tout gouvernement véritablement fort.

H. GOURDON DE GENOUILLAC.

Paris, 1879.

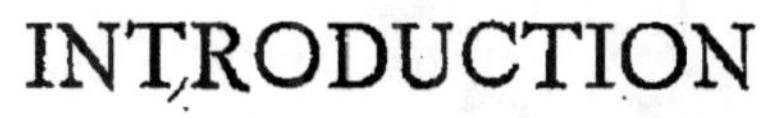

INTRODUCTION

INTRODUCTION

Siècles de héros, jours de gloire,
intrépides guerriers, qui malgré
le trépas vivez dans les traditions,
vivez dans l'histoire !

(Du Bocage.)

Écrire l'histoire des Alfonse qui régnè-
rent sur l'Espagne, c'est expliquer les grandes destinées de la nation catholique, où le
pouvoir royal ne cessa jamais d'être comme
une sorte de rayonnement du pouvoir divin.

Déjà, dans l'un de nos précédents ouvra-
ges traitant de l'histoire de la Péninsule,
nous avons essayé de rappeler les glorieux
fastes militaires de l'Espagne, dont l'auréole

radieuse surmonte sa couronne, et dont les reflets magiques illuminent la nuit du passé.

Aujourd'hui, nous voulons retracer les faits héroïques des vaillants rois catholiques des Asturies, de Léon et de Castille, qui ont donné à l'Espagne le mouvement d'impulsion à l'aide duquel elle devint forte, puissante, indépendante et invincible.

Ce fut un magnifique spectacle que celui offert à l'Europe féodale par ces pieux souverains qui, d'une main, tenaient haut et ferme l'épée étincelante, dont l'éclat suffisait pour faire trembler les ennemis de la foi, et, de l'autre, la croix pour le triomphe de laquelle ils versaient avec joie le plus pur de leur sang royal.

Il est des noms qui semblent aimés du Ciel ; celui d'Alfonse est un de ceux-là, les rois d'Espagne qui le portèrent l'illustrèrent tous, et il est demeuré comme un symbole de piété, de grandeur d'âme, de bravoure et de sentiments chevaleresques.

Tous étaient animés du même zèle pour la religion, tous nourrissaient au fond du cœur un ardent amour pour cette terre féconde que Dieu avait placée sous leur obéissance et, méprisant le danger, surmontant les fatigues et les périls de la guerre, bravant la mort en face, tous vouèrent leur vie à la noble tâche de briser le joug odieux de l'islamisme, sous lequel gémissait la terre chrétienne ; et tous aussi semblèrent vouloir se surpasser à l'envi dans l'art de gouverner, de façon que chaque jour qui s'écoulait amenât une liberté pour l'Église, un bienfait pour leurs sujets et un titre de plus à la reconnaissance de l'Espagne et à l'admiration de la postérité.

Aussi est-ce avec un respect mêlé de

crainte qu'on évoque ces grandes figures royales.

On est saisi d'une sublime vénération, quand on sonde la profondeur de leurs vues, quand on compte leurs belles actions, quand on envisage tout ce qu'ils ont accompli de grand, de noble, de bien pendant le cours de leur existence si remplie et si brillante.

Il est surtout un fait qui donne longuement à penser, et qui plonge l'esprit dans un étonnement sans fin, c'est celui de la supériorité incontestable qu'avaient les rois d'Espagne, aux siècles d'ignorance et de superstition, sur les hommes de leur époque.

Tandis que çà et là, en interrogeant l'histoire des peuples, on ne rencontre que la force brutale dominant par le fer et cherchant à tout asservir, on est tout surpris de voir, en Léon ou en Castille, les rois doctes et savants, s'appuyant sur l'épée, mais gouvernant par des lois sagement édictées, allumant eux-mêmes le flambeau des sciences, les cherchant, les protégeant et se faisant volontiers les pionniers de la civilisation et les champions de toute idée large, féconde et généreuse.

Alfonse Ier monte sur le trône encore chancelant des Asturies, alors que son peuple est plongé dans les épaisses ténèbres d'une vie nomade et sans lois ; point de mariage régulier, les églises ruinées, ni frein ni religion ; c'est le roi qui remédie à tout, son esprit organisateur ne s'effraye ni des obstacles qu'il aura à vaincre, ni des préjugés qu'il lui faudra déraciner, sa ferme volonté, sa persistance, son courage, le font triompher de tout ; il sait que le sentiment religieux est la base de toute morale, et les églises se rouvrent et la polygamie cesse ; les coutumes fautives sont abolies, la lumière se fait dans le chaos, et les semences d'un état florissant prennent racine.

Alfonse II suit la voie tracée par son devancier, il colonise les terres enlevées aux Maures, développe l'agriculture, établit un commerce d'amitié avec Charlemagne, dont il partage les goûts et les vues ; il encourage les arts encore à l'état rudimentaire, il rétablit la vieille constitution nationale et donne un siège fixe à sa cour jusqu'alors errante.

Alfonse III réunit l'amour des lettres à l'habileté militaire et la chronique latine qu'il laisse, est un monument historique et littéraire qui donne à son royal auteur une place parmi les plus grands esprits de son siècle.

Alfonse IV préfère la vie calme du cloître aux agitations de celle du conquérant ; mais le peu de temps qu'il passe sur le trône suffit pour montrer qu'il fait de l'étude son délassement favori.

C'est à Alfonse V qu'on doit la reconstruction de la ville de Léon, dont il trace lui-même les plans, et c'est encore lui qui expose au concile un projet de réformes ecclésiastiques que les états adoptent avec enthousiasme.

Le règne d'Alfonse VI est une traînée de lumière qui resplendit sur toute l'Espagne, sa politique est celle d'un penseur et d'un génie ; c'est lui qui établit dans ses États la liturgie romaine qu'il substitue au rit gothique, et s'il élève l'Espagne au plus haut degré de gloire où elle fût encore montée, c'est qu'il consolide par de sages lois l'édifice qu'il fonde par ses conquêtes.

Les résolutions prises au concile de Palencia suffisent pour faire connaître la profondeur de la science gouvernementale d'Alfonse VII.

Alfonse VIII fut un de ces rois dont les peuples gardent un souvenir éternel.

Alfonse IX fonda l'université de Palencia et appela à lui tous les savants et les lettrés qui le considérèrent comme un bienfaiteur, comme s'ils pressentaient que le règne d'Alfonse X devait être celui de l'intelligence et de l'esprit.

Quelle gloire fut étrangère à Alfonse X, ce monarque fameux à tant de titres, illustre parmi les plus grands, et qui personnifia si magnifiquement le savoir universel ! Que ne fit-il pas, ce potentat sublime qui réunissait toutes les aptitudes, tous les talents, toutes les capacités, et que Dieu envoya à l'Espagne pour montrer à l'Europe étonnée, qu'en plein XIIIe siècle, alors que tous les rois du monde faisaient consister leur plus grand mérite dans leur bravoure ou leur courage, il s'en trouvait un qui, embrassant toutes les connaissances humaines, excellait dans tous les arts, était versé dans toutes les sciences et cultivait les lettres avec un talent qui n'avait pas d'égal !

Et Alfonse XI, Alfonse le Justicier, dont chaque parole est une sage maxime, dont chaque action est un acte d'équité et de justice !

Encore une fois, les Alfonse d'Espagne semblent avoir été, par l'effet de la volonté divine, doués de tous les avantages qui sont le partage des élus de Dieu.

Et Celui qui tient aujourd'hui dans ses mains le sceptre de ces puissants monarques, a montré qu'il possédait toutes les qualités nécessaires pour relier glorieusement la chaîne du passé avec le présent.

Le nom d'Alfonse XII est le synonyme de liberté moderne, du droit, de justice et de confiance en l'avenir.

ALFONSE Ier

LE CATHOLIQUE

ALFONSE Ier LE CATHOLIQUE

Si les événements font souvent les hommes, il arrive parfois que certains hommes forcent, par la seule puissance de leur volonté, les événements à se produire.

Ils les dominent de toute la hauteur de leur conception, ils les précipitent ou en arrêtent le cours, selon qu'il leur plaît de faire sentir ou de suspendre l'effet de la pesanteur de leur bras.

Ces hommes, supérieurs à tous les autres hommes, n'obéissent qu'à Dieu dont ils sont les élus, et leur passage sur cette terre est pour les peuples un gage de la miséricorde divine, ou un message de la colère céleste.

A leur voix les trônes chancellent.

A leur gré, les nations se soumettent.

Et l'histoire attentive transmet aux générations futures le bruit de leur renommée.

Alphonse Iᵉʳ fut un de ces princes dont le peuple bénit la mémoire ; il fut appelé le Fabius Maximus de l'Espagne et mérita le glorieux surnom de Catholique, qui lui fut décerné pour l'aide efficace et le secours puissant qu'il donna à l'Église, dont il fut l'un des plus fermes et des plus vaillants défenseurs.

Alfonse descendait en droite ligne du roi goth Récarède, fils de Léovigilde, qui épousa une fille du roi de France Chilpéric, et dut contracter une seconde alliance, par suite de l'enlèvement de la nouvelle épousée par Didier.

Récarède s'était converti à la religion chrétienne en 691.

Issu de ce sang royal, Alfonse était fils de Pierre, duc de Cantabrie et de Biscaye.

Son enfance s'écoula au milieu des luttes que les Chrétiens soutenaient alors contre les Mahométans, et dès son plus jeune âge, il se fit remarquer par une valeur qui devait plus tard porter d'heureux fruits.

Il apprit le noble métier des armes sous le roi Egiza, et après la mort de ce prince, il fut appelé par son successeur, Witza, à occuper de hautes fonctions dans l'armée ; aussi devint-il l'un des plus vaillants et des plus expérimentés capitaines de son temps.

L'époque d'ailleurs était favorable au développement des talents militaires.

Le sol de l'Espagne, envahi par les Maures, était défendu par une poignée d'hommes valeureux dont l'histoire regrette de n'avoir pu conserver tous les noms pour les incrire au rang des héros.

Pélage fut le plus grand de tous.

On sait comment ce sublime défenseur de l'Espagne, retiré dans la grotte de Notre-Dame de Covadonga, fut miraculeusement protégé par le ciel, qui lui permit de ne sortir de sa retraite que pour exterminer les infidèles.

Après avoir gagné cette superbe victoire, Pélage s'établit et se fortifia dans les montagnes des Asturies et tenta d'audacieuses sorties dans la plaine, où il continuait son œuvre de délivrance, en battant sans cesse les Maures.

Ce fut ainsi qu'il parvint à reprendre la ville de Léon.

Or, le bruit de ses exploits était parvenu aux oreilles de don Alfonse et avait enflammé son ardeur guerrière ; bientôt ce prince, ne pouvant résister au désir de mettre son épée au service du libérateur des Espagnols, quitta soudainement la Biscaye à la tête d'une troupe de Basques aguerris, armés par ses soins, et vint se présenter à Pélage, qui l'accueillit avec une joie sincère et regarda sa venue comme le présage de nouveaux succès.

En effet, il sembla que les armes de ces deux vaillants soldats du Christ fussent invincibles, car leurs ennemis tombaient sous leurs coups, comme tombent les épis sous la faux des moissonneurs.

Ce fut alors que Pélage, désireux de

choisir pour sa fille Hermesinde un époux dont la naissance et les grandes qualités répondissent à ses vertus, jeta les yeux sur don Alfonse, qui lui parut réunir tous les mérites d'un prince accompli et posséder tous les sentiments propres à assurer le bonheur de sa fille.

Cette union combla de joie les chrétiens, qui virent en elle le gage d'une dynastie forte et puissante.

Trois ans plus tard, Pélage mourait avec la consolation d'avoir donné un chef redoutable à l'armée qui s'était habituée à ne combattre que pour vaincre.

Il laissa un testament qui appelait Alfonse au trône, dans le cas où son fils Favila décéderait sans enfants.

Ce fut ce qui arriva.

Favila fut élu roi et régna pendant deux ans, un accident du chasse lui enleva le sceptre et la vie : un ours, qu'il avait blessé, se jeta sur lui et le mit en pièces.

Cet événement appela don Alfonse au trône ; il y fut acclamé par tous les Espagnols qui avaient su apprécier son courage militaire, son caractère chevaleresque et sa paternelle bonté.

Alfonse n'était pas seulement un homme d'épée, c'était encore un homme de grand sens et d'un jugement solide, et si on remarquait sa bravoure et son intrépidité sur le champ de bataille, on était surpris de la profondeur de ses vues et de la sagesse de ses actions.

Au combat, c'était un lion ; dans les conseils c'était un oracle : Ses principes religieux, basés sur une foi vive, le portèrent à favoriser toutes les entreprises qui avaient pour but l'affermissement et le triomphe de la religion catholique, dont il s'était fait le défenseur et le champion.

Son avénement au trône fut d'autant plus heureux pour l'Espagne, que les deux années du règne de son prédécesseur Favila avaient un peu paralysé les effets des actions héroïques accomplies par Pélage ; le pouvoir aux mains d'Alfonse ouvrait une nouvelle ère d'affranchissement et de délivrance.

Les Maures eux-mêmes comprirent que

désormais ils allaient avoir à disputer chère-
ment la possession de leurs conquêtes et la
conservation de leur puissance, puissance
qui d'ailleurs semblait décliner.

Leurs armes, si souvent victorieuses,
avaient subi depuis quelque temps de nota-
bles échecs : battus à plusieurs reprises par
les Français, à l'orient des Pyrénées, à
l'exception de Narbonne, il ne leur restait
plus rien en Septimanie.

La Galice, entretenue par ses évêques
dans un sentiment d'indépendance et de
nationalité qui prenait chaque jour plus de
force, n'attendait que l'heure propice pour
se soulever, et beaucoup d'autres petites
contrées, enclavées dans cette portion de
territoire qui s'étendait du Djalikyah au
Fraudjah, bien qu'elles agissent et se gou-
vernassent en vue de leur propre autonomie,
n'en étaient pas moins des auxiliaires natu-
rels pour quiconque combattrait les infidèles. Alfonse, avec sa sagacité, comprit tout
le parti qu'il pouvait tirer d'un semblable
état de choses, et il put facilement constater
les excellentes dispositions des esprits à son

égard. La pureté de ses sentiments religieux
avait contribué à lui donner une si grande
considération parmi ces peuplades, que, de
tous côtés, il se vit encouragé et soutenu
par tous ceux qui avaient juré une haine
éternelle aux Sarrasins.

Et ils étaient nombreux, car sur cette
terre éminemment catholique et monarchique de l'Espagne, la froideur et l'indifférence
sont choses inconnues ; le Dieu des chrétiens n'y compte que de fervents disciples,
et l'autorité royale que des partisans
convaincus.

Donc, Alfonse, fort de son droit, de
l'appui de ses sujets et de l'approbation des
peuples catholiques, commença une lutte
sans trève ni relâche, au succès de laquelle
il voua toutes ses pensées, toute son énergie,
toute sa volonté.

Cette guerre le couvrit de gloire.

Tous les soldats qui avaient, quelques
années auparavant, combattu à ses côtés,
sous les drapeaux de Pélage, se rangèrent
avec joie sous son étendard ; il leur semblait

qu'avec un tel chef la victoire ne pouvait être douteuse. Et ils avaient raison.

Accompagné de son frère Froila, Alfonse sortit en 742 des montagnes et se dirigea vers le nord de la Galice ; puis, après s'être rendu maître du pays de Mondognedo, il alla mettre le siège devant Lugo, qu'il enleva d'emblée. De là il se rendit à Tuy et à Orense, qu'il soumit, et s'empara d'Astorga.

Bientôt, le bruit de ses exploits et la générosité avec laquelle il récompensait ceux qui l'aidaient à combattre, lui attirèrent de nombreux volontaires. De tous les points de l'Espagne accoururent des soldats brûlant du désir de se signaler aux côtés de ce chef invincible, qu'on peut à juste titre appeler le père de la première croisade.

De la Galice, Alfonse entra dans le territoire de Campos, poussa victorieusement jusqu'en Lusitanie, où il prit successivement Portucale, Braga, Oporto, Viseu et Chaves.

Cinq années s'étaient à peine écoulées depuis qu'il avait pris l'épée, et déjà, à ces conquêtes, il fallait ajouter, dans la Castille,

Avila, Sepulveda, Ségovie et Salamanque, et, entrant une seconde fois en Portugal, il y prit encore Lamego, Agde et Ledesma.

Cette suite de succès terrifiait tellement les Maures, que le nom d'Alfonse était devenu un épouvantail pour eux, et ils le désignaient sous celui de *Fils de l'épée*, tant ils craignaient la force de ses armes.

A ce propos, nous devons ici adresser un reproche aux historiens qui nous ont précédé et qui se sont élevés d'une façon véhémente contre la manière, barbare selon eux, dont Alfonse faisait la guerre.

Des villes démantelées, des maisons brûlées, des champs dévastés, le fer et le feu promenés sans merci sur les cités et les moissons, partout la désolation et la mort, telles furent, assure-t-on, les traces qu'Alfonse laissa sur son passage.

Nous n'essayerons point de relever ce qu'il peut y avoir d'exagéré dans ces assertions ; il nous serait facile de démontrer qu'à toutes les époques, et chez tous les peuples, la guerre fut toujours considérée comme un fléau destructeur.

Mais avant de faire aux soldats d'Alfonse un crime de leur barbarie, il faut se reporter au temps où ces combats eurent lieu, et apprécier les circonstances dans lesquelles ils se produisaient. Les soldats d'Alfonse n'étaient pas disciplinés comme le sont des troupes régulières ; c'étaient de hardis montagnards, à l'humeur sauvage, braves jusqu'à l'intrépidité et se battant corps à corps. On comprend que de pareils hommes ne livraient pas de batailles rangées : ils faisaient une chasse incessante, coutinue, pleine de périls et de dangers, et poussaient la lutte jusqu'à l'extermination.

Les Maures s'étaient implantés dans un pays conquis, dont ils avaient violemment soumis les habitants ; il s'agissait de les en déloger, de les traquer, et les obliger à fuir. C'était un territoire qu'il fallait reprendre pied à pied, et par cela même, il ne pouvait échapper à la dévastation.

Bien plus, en laissant brûler et en ordonnant même qu'on rasât les villes, Alfonse obéissait à une nécessité fâcheuse, mais absolue.

Il est certain que s'il se fût contenté de s'emparer d'une ville et d'y placer une garnison pour la défendre, il eût peu à peu dispersé toutes ses forces, et les Maures n'auraient pas manqué d'en profiter pour assaillir, à l'aide des masses qu'ils pouvaient mettre en mouvement, des points qui eussent été dans l'impossibilité de résister.

Alfonse savait que ce n'était pas l'étendue d'un État qui lui donne la plus grande valeur, et il songea plutôt à affermir son royaume qu'à en reculer les bornes ; il fit le désert à l'entour, afin de ne pas permettre à l'ennemi de le cerner.

Les habitants des villes qu'il conquit furent répartis dans ses poblaciones d'Alava et de Biscaye, et de cette façon, il établit des centres de population au milieu des montagnes qui avaient primitivement servi de retraite aux chrétiens persécutés et qui, grâce à cette colonisation, devinrent d'importantes places.

Mais les préoccupations militaires n'absorbèrent pas tous les soins d'Alfonse, et ce qui contribua le plus à lui attacher l'amour de son peuple, ce fut le zèle qu'il montra pour les choses religieuses.

A peine eut-il pris Lugo, au début de son expédition, qu'il se hâta d'y rétablir son évêque Odoaire, et de même dans toutes les villes épiscopales qu'il parvint à soustraire au joug des infidèles, il voulut que des évêques fussent ordonnés, persuadé qu'il était, que le rétablissement de ces prélats exercerait la plus salutaire influence sur les chrétiens qui avaient pu se corrompre au contact impur des mahométans.

Le grand caractère d'Alfonse se révèle tout entier dans cette pensée qui le montre devançant son siècle et proclamant le premier cette vérité incontestable que, sans la religion, il n'est pas de société possible, et il inculquait à son peuple la pratique de cette sublime devise : Dieu et le Roi !

Il fonda et dota plusieurs monastères, entre autres celui de Saint-Pierre de Villanueva, près de Cangas, et partout de nouvelles églises s'élevèrent sur les ruines des mosquées.

Bref, l'Espagne lui dut la reprise sur les Maures d'un nombre considérable de villes importantes et l'extension du royaume des Asturies dans les champs du Portugal, aux monts de la Rioja, et jusqu'aux Pyrénées et à l'Aragon.

Elle lui dut de voir ce petit royaume des montagnes en état de traiter de puissance à puissance avec l'émir Omnyade, souverain de Cordoue.

Et cependant, ce ne fut pas ce qui frappa le plus cette nation si profondément religieuse ; quand elle voulut attacher au nom d'Alfonse une désignation tirée des vertus de son chef valeureux, elle l'appela Alfonse le Catholique, plaçant ainsi la gloire acquise par Alfonse, comme protecteur de la croix, au-dessus de celle de ses armes.

Sa mort vint malheureusement affliger l'Espagne après dix-neuf années d'un règne plein de chevaleresques souvenirs.

En 757, Alfonse, âgé de 74 ans, s'éteignit paisiblement à Cangas, dont il avait fait le siège de son royaume, et où il vivait dans la pratique d'une austère piété.

Cette mort fut un deuil universel ; son peuple, inconsolable, lui fit de magnifiques obsèques, et ce qui marqua le plus la sincérité des regrets qu'il laissa, ce furent les larmes de ses sujets, qui témoignèrent de l'affliction profonde dans laquelle chacun était plongé.

Et comme si ce n'était pas assez que les Espagnols s'unissent pour pleurer leur pieux monarque, on assure que les anges se mêlèrent aux hommes.

Le corps du roi défunt avait été placé dans une superbe salle dans laquelle veillaient les grands du royaume et les principaux officiers de la couronne ; soudain, vers le milieu de la nuit, alors que tout était plongé dans le silence et dans le recueillement, on entendit des voix séraphiques qui chantaient les premiers versets du psaume 57 d'Isaïe :

« Le Juste est enlevé à cause de la malice des hommes, et va reposer en paix dans son tombeau. »

Ce miracle est confirmé par don Alfonse le Grand et se trouve consigné dans les chroniques du temps ; sa tradition s'est fidèlement conservée dans la mémoire du peuple espagnol, comme un témoignage de sa vénération pour le nom d'Alfonse.

Alfonse Ier fut enterré dans le monastère de Sainte-Marie-de-Cangas, ainsi que sa femme Hermesinde, de laquelle il eut deux fils, don Froila qui lui succéda et don Wimaran.

Don Froila marcha sur les traces de son illustre père ; comme lui, il battit les Maures, et comme lui aussi il donna des preuves éclatantes de son respect et de son amour pour la religion catholique.

Mais Alfonse avait largement préparé les voies, et à sa mort la population chrétienne du nord de l'Espagne s'était accrue de tous les prisonniers qu'il avait ramenés de l'autre côté des Pyrénées.

Il y avait dans cette fusion opérée par les soins d'Alfonse, une idée d'une grande portée politique et qui devait avoir pour résultat de former une nation forte et vaillante, dans la partie de la Péninsule que le joug musulman n'avait pu atteindre.

ALFONSE II

LE CHASTE

ALFONSE II LE CHASTE

◆

Alfonse le Chaste était fils de Froila et
de la reine Menine, sa femme, fille d'Eudes,
duc d'Aquitaine, et par conséquent petit-
fils d'Alfonse le Catholique.

Son père ayant été assassiné en 768, ce
jeune prince ne put s'asseoir sur le trône
qui lui était destiné, et il dut, pour échapper
à la fureur de ses ennemis, se réfugier dans
le monastère de Sommanos, en Galice, tandis qu'Aurelio régnait à sa place.

Six ans plus tard, Aurelio mourait, et
Silo lui succédait ; mais, pendant ce temps,
le nombre des Espagnols qui regrettaient de
voir le petit-fils d'Alfonse éloigné du trône

s'était accru, et bientôt la reine Adosinde
elle-même essaya de faire comprendre à son
époux, Silo, que son bras n'était pas assez
fort pour maintenir l'autorité royale, à laquelle tentaient de se soustraire les Galiciens, et pour repousser les Maures qui, d'un
instant à l'autre, pouvaient menacer la tranquillité du royaume ; elle lui suggéra la
pensée d'appeler auprès de lui le jeune
Alfonse, dont elle avait été à même d'apprécier le rare mérite.

Silo avait été bien inspiré en suivant le
conseil que lui avait donné la reine, car à
peine Alfonse eut-il paru aux côtés du roi,
qu'une paix féconde succéda à l'état de trouble qui agitait le royaume ; il semblait que
la présence d'un Alfonse suffisait pour jeter
un nouvel éclat sur le trône.

Silo mourut en 783.

Ce fut alors que sa veuve, Adosinde,
acheva son ouvrage, en faisant proclamer
roi don Alfonse, qui fut reconnu en cette
qualité par toute la noblesse du royaume,
dont il avait su gagner la sympathie et l'affection, par la pureté de ses mœurs, sa

droiture, son expérience, qui dépassait celle d'un homme de son âge, et par une piété qui continuait celle de ses ancêtres.

Mais si l'élite de la nation approuvait sans réserve l'élection d'Alfonse, il n'en était pas de même des partisans de Mauregat, qui lui disputait le trône. Ce parti se composait des ambitieux de toutes sortes et de ceux qui avaient trempé dans le meurtre de Froila.

Ceux-ci profitèrent habilement de l'influence exercée par quelques-uns des leurs, pour soutenir les prétendus droits de Mauregat ; mais leur démonstration eut été sans effet, si Mauregat, qui ne pouvait compter sur le concours des catholiques fidèles à leur roi, n'eut été appuyé dans ses prétentions par Abdéram, qui envoya une armée dans les Asturies.

Alfonse avait l'âme trop chrétienne pour exposer son pays à tomber une seconde fois sous le joug des infidèles ; aussi, avec un désintéressement qu'on ne saurait trop louer, il préféra céder la possession du trône à Mauregat et se retira dans l'Alava, où il attendit patiemment que Dieu lui permît de ressaisir son sceptre et sa couronne.

Mauregat mourut en 789, et les circonstances firent que Bermude lui succéda sur le trône des Asturies, mais Bermude n'avait en quelque sorte accepté la couronne que comme un dépôt, qu'il se proposait de remettre à son légitime possesseur.

L'infant don Alfonse, appelé à la cour pour la seconde fois, montra à tous que lui seul avait les qualités requises chez un prince, pour assurer le bonheur de son peuple, et bientôt, Bermude, comprenant que l'Espagne avait besoin d'un roi brave, hardi, sage et habile pour la défendre et la soutenir contre les efforts des infidèles, n'hésita pas à l'associer à son pouvoir.

Sur ces entrefaites, Bermude eut à marcher contre les Maures, commandés par l'émir Issem. L'infant Alfonse se distingua de telle façon dans cette expédition, il montra un courage si héroïque et une valeur si supérieure, que toute la gloire du succès lui fut attribuée et que, dès ce moment, l'armée et les grands le considérèrent comme leur véritable souverain.

Ce fut alors que Bermude donna satisfaction au vœu universel en abdiquant, le 14 septembre 791, en faveur d'Alfonse, dont l'avénement au trône fut considéré comme un bienfait du ciel. Le grand cœur d'Alfonse ne pouvait être fermé à l'affection et à la reconnaissance ; il voulut que Bermude continuât de demeurer dans le palais auprès de lui, et il ne cessa de lui témoigner les marques de la plus grande déférence.

Le premier soin du nouveau roi fut de transférer la cour à Oviedo et d'y relever l'église que son père y avait bâtie.

On comprend qu'un pareil hommage rendu à la religion fut d'un heureux augure.

Un grand acte de fermeté le suivit.

On sait que l'émir, qui avait secouru Mauregat, avait exigé, en échange de l'appui de ses armes, un tribut annuel de cent jeunes filles destinées à des alliances sarrasines.

Alfonse refusa d'acquitter ce honteux impôt et s'attira par là la colère de l'émir de Cordoue, qui leva une armée et se proposa d'envahir la Galice et les Asturies.

Mais il avait compté sans l'habileté militaire du jeune roi, qui brûlait du désir de se mesurer avec lui.

Bientôt une armée chrétienne, organisée à la hâte et moitié moins nombreuse que celle de l'émir, se mit en devoir de s'opposer aux projets de l'ennemi. Alfonse en prit le commandement; c'était doubler le courage des troupes. Puis, laissant les Maures s'engager dans ses États, il les attira près de la ville de Lutos (Luniego) et soudain fondit sur eux avec une telle intrépidité, que soixante et dix mille hommes tombèrent sous les coups des Chrétiens.

Cette défaite apprit aux Maures à respecter désormais la volonté d'un héros qui devait, pendant plus d'un demi-siècle, les faire plier partout sous ses armes.

Après la bataille de Lutos, Alfonse résolut de repeupler de Chrétiens la ville de Braga, qu'il prit, puis il passa le Duero, et, chassant les Maures devant lui, il arriva jusqu'à Lisbonne qu'il réduisit, et il rentra à

Oviedo, chargé de dépouilles et suivi d'une quantité considérable d'esclaves.

Les grandes qualités d'Alfonse avaient attiré sur lui l'attention de l'empereur Charlemagne, qui lui avait offert son amitié, et qui professait pour lui une admiration sans bornes.

Désireux de resserrer encore les liens d'affection qui l'unissaient à ce puissant souverain, et de lui faire part de la glorieuse victoire qu'il venait de remporter, Alfonse résolut de lui envoyer une ambassade chargée de riches présents, qui consistaient, notamment, en une tente magnifique, des mulets richement harnachés, et huit esclaves.

Les ambassadeurs Basiliscus et Froja, se rendirent à Aix-la-Chapelle et se présentèrent à Charlemagne qui les reçut avec les honneurs dus aux représentants d'un grand roi, et les renvoya en Espagne comblés de faveurs.

On remarque dans l'histoire des Alfonse d'Espagne, que chaque fois que ces glorieux monarques gagnèrent une victoire ou se virent favorisés dans leurs entreprises, ils en rendirent publiquement hommage à Dieu par quelque fondation pieuse.

Ce fut ainsi qu'Alfonse II, victorieux à Lutos, fit présent à l'église du Saint-Sauveur d'Oviedo d'une croix d'or si merveilleusement ciselée, qu'on la supposa faite par la main des Anges.

Ce prince aimait les arts et tout ce qui est de nature à inspirer au peuple l'amour du bien et du beau, il administra son royaume avec une grande sagesse et y reconstitua l'organisation civile et ecclésiastique de l'empire de Tolède ; il rétablit les dignités du palais et fonda des siéges épiscopaux.

Cependant, toutes ces preuves d'une paternelle sollicitude pour ses sujets furent impuissantes pour conjurer les projets d'une poignée d'ambitieux qui, mécontents de ne pouvoir réussir à usurper les principales fonctions qu'ils convoitaient, suscitèrent une révolte qui mit le roi dans la nécessité de se retirer au monastère d'Abelia.

Mais à peine fut-il hors de la capitale, que le peuple comprit la faute qu'il avait commise en prêtant les mains à une révolution faite au profit d'intérêts particuliers, et l'un des principaux seigneurs d'Oviedo, nommé Theudis, dont la fidélité au roi était inébranlable, résolut de lui rendre le trône.

Il s'entendit avec quelques gentilshommes dévoués comme lui à Alfonse, et bientôt, une troupe de fidèles sujets, conduits par Theudis et ses amis, se rendit au monastère, pour y chercher le roi et le ramener à Oviedo, où il fut reçu aux acclamations de tous.

La route qu'il fit d'Abelia à Oviedo fut une véritable marche triomphale.

Les conjurés vaincus, redoutaient la juste colère du monarque qu'ils avaient outragé ; mais Alfonse, dont le cœur était pétri de toutes les qualités, possédait un si grand fond de générosité, qu'il ne se souvint que de ceux qui lui avaient témoigné de leur fidélité, et qu'il pardonna aux conspirateurs.

Cette action de clémence produisit un tel repentir chez ces malheureux égarés, qu'ils déploraient amèrement leur faute, et ils servirent désormais le roi avec autant de zèle que de fidélité.

Quel magnifique exemple de mansuétude et de bonté !

Heureux les peuples qui sont gouvernés par de tels rois, et combien sont coupables les imprudents qui prêtent l'oreille aux pernicieux conseils des factieux qui ne craignent pas d'allumer les torches incendiaires de la guerre civile et de pousser l'État à sa perte, en se liguant contre l'autorité que les rois tiennent de Dieu !

C'est sous le règne de ce prince que le corps de l'apôtre saint Jacques Zebedée fut retrouvé par l'évêque Théodomir, successeur d'Hindulfe à l'évêché d'Iria.

Ce prélat se hâta de faire part de sa précieuse découverte à Alfonse, qui, mû par son zèle pour la religion, voulut s'assurer par lui-même de la vérité du fait. Il se rendit à l'endroit indiqué par l'évêque, et put se convaincre de l'authenticité de la sainte relique.

Transporté de joie, il en rendit grâce

à Dieu, en faisant bâtir, sur l'emplacement même du tombeau, une église qu'il dédia à saint Jacques, et qui devint un lieu de pèlerinage où, de tous côtés, on accourut avec ferveur.

Alfonse s'adressa, en outre, au pape Léon III et obtint du saint-père que l'évêque d'Iria transportât son siège à Compostelle ; de plus, l'église fut investie de tous les droits, privilèges et prérogatives d'une métropole.

Ce fut afin de prendre soin des pèlerins de toutes les nations qui venaient faire leurs dévotions à Compostelle, que plusieurs gentilshommes espagnols s'assemblèrent à l'effet de constituer une milice hospitalière qui devait s'illustrer sous le nom d'ordre de Saint-Jacques, et traverser les siècles sans rien perdre de son éclat et de sa splendeur.

Le roi Alfonse encouragea fort cette magnifique institution, dont il apprécia les heureux effets et qui ne dut la force de son point de départ qu'aux bienfaits dont la combla le roi et à l'appui qu'il lui donna. Il fit de grandes libéralités à l'église Saint-Jacques, et on cite une charte mentionnant un don, en sa faveur, d'un nombre considérable de terres et de villages.

Mais tandis que ce pieux souverain travaillait sans cesse à affermir la religion, les Mahométans ne demeuraient pas inactifs, et, en 811, l'armée d'Alhakem, souverain de Cordoue, entra à Viseu ; mais Alfonse ne laissa pas cette agression impunie, et il fondit sur les infidèles qu'il mit en pleine déroute.

L'année suivante, Omar, gouverneur de Merida, tenta de prendre la revanche d'Alhakem en assiégeant Benavente ; mais il éprouva le même sort et fut repoussé avec perte.

En 813, Alhakem renvoya, sans plus de succès, une armée contre les chrétiens, et comprenant enfin l'inutilité de ses attaques, il se résolut à conclure une paix qu'il viola en 816, sans autre résultat que de voir un de ses généraux obligé de fuir devant l'armée d'Alfonse.

Ces divers échecs ne désarmèrent pas

les infidèles : le gouverneur de Merida, Mohammed, qui, après s'être révolté contre Abd el Rahman, était venu chercher un refuge auprès d'Alfonse, paya celui-ci de la plus noire ingratitude ; il fit la paix avec Abd el Rahman et s'engagea à lui livrer la province de Galice s'il voulait lui fournir les troupes nécessaires.

Abd el Rahman accepta; les soldats furent envoyés, et Mohammed investit la Galice, s'avança jusqu'aux environs de Lugo et se fortifia dans le fort San-Christino.

Enflammé de colère, Alfonse assembla toutes ses troupes, marcha droit à l'ennemi, après s'être placé sous la protection de Notre-Dame. Mohammed fut tué et cinquante mille mahométans restèrent sur le champ de bataille.

Cette victoire eut pour résultat de faire cesser les tentatives de l'émir de Cordoue, qui put se convaincre de l'inutilité de ses efforts et de la supériorité des armes d'Alfonse.

Et, fidèle à ses sentiments de reconnaissance envers le ciel qui le protégeait, le vainqueur fit de nouvelles donations à l'église d'Oviedo et fonda le monastère d'Alahon ; mais le bruit de ces pieuses fondations se répandait chez les mahométans et les irritait ; aussi Abd el Rahman envoya-t-il derechef une armée qui n'entra dans les Etats d'Alfonse que pour être taillée en pièces.

Ce fut la dernière victoire du roi des Asturies, qui, se voyant accablé d'années et ayant passé la vie dans un célibat qui lui mérita le glorieux surnom de *Chaste*, convoqua, en 835, les Etats généraux du royaume et se choisit un successeur en la personne de son cousin, don Ramire, roi de Galice. Sept ans plus tard, ce prince mourait dans la 78e année de son âge, emportant avec lui les regrets sincères de la nation qu'il avait sans cesse défendue contre les attaques de ses ennemis acharnés, les Maures, et après avoir donné aux établissements religieux les marques les plus vives de sa générosité envers l'Eglise. Aux qualités d'un grand roi, il joignait les vertus d'un saint homme.

Il fut enterré avec grande pompe dans l'église Sainte-Marie.

Son règne fut un de ceux dont l'Espagne s'honore.

Il ne dura pas moins de soixante-neuf ans et ne compta que des victoires.

Si nous avons passé sous silence les faits relatifs aux événements qui se produisirent à la cour de ce grand roi, par suite de la naissance du fameux Bernard del Carpio, ce n'est pas que nous révoquions en doute l'existence du héros espagnol, c'est parce que les circonstances particulières, au milieu desquelles ils se produisirent, ont donné lieu à trop de suppositions romanesques pour qu'elles puissent trouver place ici ; d'ailleurs, c'est l'histoire des Alfonse que nous écrivons, et non celle des personnages célèbres à divers titres qui se sont fait remarquer sous leur règne.

Néanmoins, les chroniques et les romanceros espagnoles s'entretiennent trop longuement des grandes aventures de Bernard del Carpio pour ne pas citer au moins son nom, ne fût-ce que pour constater qu'il inspira aux poëtes de magnifiques strophes, empreintes de ce sentiment de patriotisme qu'on retrouve dans la plupart des poésies espagnoles.

Le surnom de Chaste fut donné à Alfonse, en raison de la continence merveilleuse qu'il garda ; un projet d'alliance entre lui et une princesse française eut lieu, mais il ne fut pas mis à exécution, et le vertueux monarque put conserver un célibat qui convenait à l'austérité de son caractère et de ses mœurs ; il y puisa sans doute cette énergie dont il donna tant de preuves, et qui lui permit d'affermir l'état chancelant du royaume, et de triompher de la turbulence des seigneurs.

ALFONSE III

LE GRAND

ALFONSE III LE GRAND

Nous voici arrivé au règne du grand
Alfonse, ce prince accompli, qui excita l'admiration de ces contemporains, força ses
ennemis à s'incliner devant ses mérites, et
passa à la postérité comme le modèle des
rois.

Il était fils du roi Ordogno et prit possession de la couronne à l'âge de quatorze
ans ; mais déjà brillait en lui cette lueur de
génie, de bravoure et de grandeur qui devait
jeter tant d'éclat sur sa couronne.

Par ses qualités viriles, par son amour
de tout ce qui était grand, noble et beau, il
faisait pressentir ce qu'il devait être un

jour, et ce fut aux acclamations de tous les
Etats du royaume qu'il prit en main le sceptre, dont il sut faire un si noble usage.

Dès ses plus jeunes ans, il donnait aux
pauvres, à l'insu de ces précepteurs, tout ce
qui était en sa possession et même « tous les
trésors de son père », dit le moine de Silo.

Il était absent de la cour lorsque arriva,
en 866, la mort du roi Ordogno, son père;
mais les grands du royaume l'élurent, et il
fut sacré et couronné à Oviedo le jour de la
Pentecôte ; toutefois, à peine fut-il investi
de l'autorité suprême, qu'un certain Froila
Lémond, comte de Galice, éleva tout à coup
l'inqualifiable prétention de s'emparer du
trône, et, profitant de l'influence que son
rang lui donnait, il se mit à la tête d'un
nombre considérable de troupes et marcha
sur Oviedo.

Le jeune roi était dans l'impossibilité
de se défendre; les seigneurs qui l'entouraient craignirent de l'engager dans une
lutte inégale, et lui conseillèrent de se retirer momentanément en Alava, où quelques-

uns d'entre eux l'accompagnèrent afin de veiller sur lui.

Froila put donc sans peine se faire proclamer roi ; mais cette satisfaction fut de courte durée : quelques seigneurs, indignés de cette usurpation que rien ne justifiait, punirent son audace en le poignardant.

Le sénat se hâta alors de rappeler Alfonse, qui fut rétabli sur le trône et se mit en devoir de pourvoir à la sûreté de son royaume, de façon à le tenir désormais à l'abri de toute tentative d'envahissement.

Mais comme les rois sont souvent exposés à être payés d'ingratitude par leurs sujets, il arriva que, tandis qu'Alfonse s'occupait à fortifier ses frontières, une révolution éclata dans la province d'Alava, à l'instigation du comte Eylon qui la gouvernait.

Alfonse, n'écoutant que son indignation, prit une résolution qu'on n'eût pas attendue d'un roi si jeune : il marcha hardiment contre les rebelles et les terrifia par sa seule présence.

Les coupables implorèrent son pardon et lui remirent le traître gouverneur, qui alla

expier sous les verrous sa criminelle entreprise.

Cette sédition apaisée, Alfonse commença la lutte qu'il devait soutenir contre
les Maures pendant tout le temps que dura
son glorieux règne.

Nous ne ferons pas l'historique détaillé
de ces rencontres innombrables, dans lesquelles les Maures furent constamment
battus; nous nous contenterons de signaler
les batailles les plus importantes qui furent
livrées sous ce règne si fécond en actions
héroïques.

En 868, il est trois fois victorieux, à
Pampelune, en Galice et en Castille.

En 872, on le voit aux prises avec El
Mondir, fils de l'émir Mohammed, qui était
entré dans le royaume de Léon, et qu'il
rejeta au-delà des frontières.

En 876, il passe le Duero et va combattre les Maures, dont il saccage le territoire; il assiége le fort de Deza, qu'il réduit
en cendres, et va investir Atiença, dont les
habitants, dominés par la peur que leur

inspire le héros, s'empressent de lui ouvrir les portes.

Or, à cette époque, des luttes intestines divisaient les Musulmans, épuisés par des défaites sans nombre ; ils commencèrent à changer de rôle et, d'agresseurs qu'ils avaient été jusqu'alors, on les vit à leur tour implorer des trêves qu'ils essayaient bien encore de rompre, ce qui leur attirait de nouveaux échecs et procurait de nouvelles victoires à Alfonse, qui conduisit ses troupes en Portugal, prit Coïmbre, qu'il rasa, et parcourut toute la contrée, promenant partout le fer et le feu.

Mohammed régnait alors sur les Maures ; il demanda la paix et l'obtint, ce qui permit à Alfonse de suivre l'exemple de ses ancêtres en accordant de royales faveurs à l'église de Lugo, de relever les villes que la guerre avait détruites, et de repeupler tout le pays dévasté par ses armes.

Des terres furent partagées entre les habitants, des murailles furent élevées pour les mettre à l'abri de l'ennemi, et tout fut ordonné par lui, pour que les populations pussent jouir en paix du bonheur d'être replacées sous le joug de l'Espagne.

Mohammed, furieux de ne pouvoir assouvir sa haine contre les Chrétiens qu'il ne pouvait vaincre, tourna alors sa fureur contre l'Eglise, et les moines de l'Andalousie durent se réfugier auprès d'Alfonse pour éviter les cruels traitements que leur infligeait le sanguinaire Arabe.

Alfonse les accueillit avec sa paternelle bonté et les combla de biens, ce qui ne l'empêcha pas, vers le même temps, de faire don à l'église Saint-Jacques d'une riche croix d'or qui attestait sa piété.

Les monastères et les églises s'élevèrent de toutes parts et les heureux effets d'une paix féconde se faisaient partout sentir, lorsque Mohammed, effrayé de la puissance d'Alfonse, envoya, à l'expiration de la trève, une armée pour le combattre.

Mais c'était provoquer un lion.

Alfonse assembla ses troupes, fondit comme la foudre sur les Musulmans, les défit, les poursuivit au-delà du Tage, et rentra dans les Asturies chargé de butin et de captifs, tandis qu'un de ses lieutenants s'emparait du meilleur général de l'émir de Cordoue, qui paya pour sa rançon cent mille sous d'or.

Pareilles victoires en Andalousie, en Léon, en Asturie : ici, ce sont des milliers de Sarrasins qui mordent la poussière ; là, c'est une armée de quatorze mille hommes qui est anéantie ; Alfonse se multiplie, ses coups frappent, étonnent, stupéfient, et les Maures tremblent jusque derrière leurs remparts, inhabiles à les protéger contre cet invincible conquérant, dont le bras semble guidé par la main de Dieu, qui le mène de victoires en victoires.

Et tandis que les lauriers s'amoncellent sur son front belliqueux, que l'Espagne s'enorgueillit de son roi, le grand Alfonse continue ses largesses ; il donne à la cathédrale d'Oviedo, il donne à Saint-Jacques de Compostelle, qu'il métamorphose en un temple somptueux ; sa main généreuse ne s'ouvre que pour répandre des grâces et des dons.

Puis, sans prendre de repos, toujours dominé par le désir de faire une guerre acharnée aux ennemis du nom chrétien, on le voit encore, en 881, faire une nouvelle excursion sur les terres de l'émir de Cordoue, lui tuer dix mille hommes, et le forcer de nouveau à implorer une paix qui ne lui fut accordée qu'à la condition de rendre aux Chrétiens les glorieux corps de saint Euloge et de sainte Léocadie, qui étaient enterrés à Cordoue, ce qu'il se hâta de faire.

La conclusion de cette paix assura au roi Alfonse la jouissance de ses conquêtes, mais d'autres soins réclamèrent le secours de sa valeureuse épée.

On a peine à concevoir que sous un prince si accompli et si profondément voué à la prospérité de l'Espagne, il eût pu se trouver des mécontents et des ambitieux qui osassent rêver sa chute.

Ce fut pourtant ce qui arriva. A trois reprises différentes, des agitateurs tentèrent de bouleverser le royaume en y semant la discorde et la confusion.

La première révolte fut fomentée en

Galice par un seigneur du nom d'Hanno, qui vit ses pernicieux desseins aussitôt réprimés que conçus ; il fut arrêté, puni selon la rigueur des lois, et ses biens confisqués furent donnés à l'église Saint-Jacques de Compostelle.

Le second qui osa conspirer contre son roi, fut un certain Hermenégild, qui paya de sa vie sa criminelle action.

Et le troisième qui tenta de nouveau de soustraire la Galice à l'autorité royale, fut un des principaux seigneurs de la province, du nom de Witiza, qui prit les armes et se mit à la tête d'un parti assez puissant pour qu'Alfonse fût obligé de faire violence à ses sentiments de mansuétude et de clémence, et d'envoyer des troupes contre le rebelle, qui fut vaincu et fait prisonnier.

Ces trois coupables tentatives réprimées n'empêchèrent pas un nouveau Froila de rêver la possession de la couronne des Asturies, et, aidé de ses trois frères, Nuno, Bermude et Odoario, il trama un complot qui fut découvert ; tous trois furent privés de la vue, en punition de leur détestable dessein, et condamnés à une prison perpétuelle.

Toutefois, Bermude, l'un d'eux, parvint à s'échapper et à soulever les villes d'Astorga et Bentosa.

Les troupes royales allaient avoir bon marché de cette rébellion, lorsque Bermude, prévoyant le sort qui lui était réservé, ne craignit pas de faire alliance avec les infidèles, et l'émir de Cordoue lui envoya une armée pour le soutenir.

Indigné de cette perfidie, Alfonse n'écouta que son juste ressentiment et marcha résolûment au-devant des coalisés ; il les rencontra dans la plaine de Grajal de Ribera, et leur livra bataille sur les bords du fleuve Ezla.

Comme toujours, le Dieu des chrétiens fut propice à ses armes et l'armée musulmane fut taillée en pièces.

Quant à Bermude, il chercha son salut dans la fuite ; les villes qu'il avait soulevées se soumirent, et l'émir se vit une fois de plus dans la nécessité d'implorer de la générosité d'Alfonse, une trève de quelques années qui lui fut accordée.

Ce fut peu de temps après avoir remporté cette nouvelle victoire, qu'Alfonse reçut du pape Jean IX la permission de consacrer l'église de Saint-Jacques et de célébrer le concile d'Oviedo.

Ces augustes cérémonies projetèrent un nouveau lustre sur les dernières années du règne d'Alfonse le Grand ; mais il est facile de se rendre compte du dépit qu'en ressentit Abd Allah, l'émir de Cordoue, surtout lorsqu'il vit ensuite que son ennemi, tout entier aux soins de son gouvernement, s'occupait de nouveau de fortifier ses villes frontières.

Aussi, il voulut tenter un dernier effort et envoya contre lui, en 904, une armée qui se grossit des secours importants, en hommes, que lui avaient donnés les divers chefs des tribus africaines, animés tous du même désir de combattre les Chrétiens.

Ce fut alors qu'eût lieu la célèbre bataille de Zamora, dans laquelle Alfonse se
couvrit d'une gloire immortelle, qui en-
flamma tellement son courage, que, deux
années plus tard, mû par une force qui semblait divine, il fondit avec impétuosité sur
les Etats mahométans, entra dans le royaume
de Tolède, qu'il saccagea, parcourut en vainqueur tout le pays qui sépare les deux Castilles, et revint dans ses Etats avec un butin
considérable.

Il y avait quarante ans que l'Espagne
retentissait du bruit des exploits chevaleresques de son roi, lorsque le ciel voulut envoyer à ce prince invincible, une épreuve
des plus douloureuses.

L'aîné de ses cinq fils, don Garcie, qui
avait épousé dona Munia, fille d'un gentilhomme du nom de Muno Fernandez, poussé
par les conseils de sa mère, dona Ximène,
eut la coupable pensée de s'emparer du
trône de son père et fut assez mal inspiré
pour la mettre à exécution.

Alfonse ressentit plus de chagrin que
de colère de cet attentat qui l'outrageait

comme père et comme roi, et il marcha contre son fils rebelle, qui s'était fortifié dans Zamora, puis, après s'être emparé de sa personne, il l'envoya, chargé de fers, au château de Gauzon.

Bien que ce châtiment ne répondît pas à la grandeur de la faute, les parents de la princesse Munia, qui avaient appuyé don Garcie dans sa révolte, le trouvèrent encore trop rigoureux et ils se liguèrent, les armes à la main, pour forcer le roi à rendre la liberté à son fils. Muno Fernandez, beau-père de don Garcie, et don Ordonno, second fils d'Alfonse, soulevèrent les provinces, et bientôt la reine se joignit à eux pour obtenir l'élargissement du prince rebelle.

Le peuple, excité par ces divisions, prit part à la querelle en embrassant le parti de don Garcie, oubliant qu'il tenait sa prospérité d'Alfonse, qui, avec une grandeur d'âme peu commune, refoula dans son cœur tout sentiment d'intérêt personnel, et tenant plus à assurer la tranquillité de ses Etats qu'à conserver la couronne, eut la magnanimité de condescendre aux vœux de la

reine, et, en décembre 910, il convoqua solennellement les grands du royaume, et
après avoir ordonné la mise en liberté de
son fils Garcie, il lui céda, en présence de
tous, le trône des Asturies et donna la Galice à son second fils Ordonno.

Un tel acte de modération et de bonté
fit plus pour sa gloire que n'eût fait l'usage
de sa force et de son pouvoir; ce fut à
qui louerait ce magnifique exemple de
sagesse et de dévouement au pays, et ses
deux fils eux-mêmes, qui naguère n'avaient
pas reculé devant la violence pour tenter de
s'emparer de la couronne, demeurèrent
frappés d'étonnement et d'admiration, et ils
montrèrent un repentir si sincère, qu'ils se
reconcilièrent complétement avec Alfonse,
dont le cœur savait mieux chérir que haïr.

Une victoire, que don Garcie remporta
sur les Maures acheva de lui rendre toute
l'affection de son père qui lui demanda la
faveur de combattre une dernière fois les
infidèles.

Don Garcie souscrivit avec joie à ce
désir, et, ayant formé une armée composée

de troupes aguerries, il en remit le commandement à Alfonse, qui eut la satisfaction de
remporter une éclatante victoire.

Mais déjà l'âge et les fatigues de sa vie
militaire avaient altéré sa santé; après être
rentré à Zamora, chargé de dépouilles opi-
mes, il tomba malade et mourut le 20 décembre 912, regretté de tous ses sujets, qui
perdaient en lui un père plus encore qu'un
roi.

L'histoire a placé ce vertueux prince au
rang des hommes les plus illustres, et lui a
décerné le nom de *Grand*, non-seulement à
cause des nombreuses victoires qu'il remporta sur les mahométans, mais encore parce
qu'il fut l'homme le plus instruit et le plus
savant de son siècle.

Aucune des gloires qu'un roi peut am-
bitionner ne lui fut étrangère; tandis que
ses sentiments pieux lui faisaient enrichir les
églises et les monastères, son goût pour les
arts lui faisait embellir sa capitale de monu-
ments superbes.

Il encourageait les artistes et les lettrés

avec cette libéralité qui semble être attachée à la couronne d'Espagne ; il cultivait lui-même les lettres, et la meilleure histoire des rois ses prédécesseurs a été écrite par lui. Cette chronique latine, qui donne de précieuses indications sur les événements qui suivirent l'invasion des Maures, a été réunie à celle de Sébastien, évêque de Salamanque. Elle fut imprimée pour la première fois en 1534.

Elle dénote, de la part de son auteur, de grandes connaissances alliées à un jugement sûr, des aperçus profonds, beaucoup de clarté, et témoigne du haut degré de connaissances auquel était parvenu le roi, à une époque où les lettres étaient encore plongées dans d'épaisses ténèbres.

Des armées sans cesse victorieuses, les frontières du royaume reculées jusqu'au bord du Duero, et l'Etat dans une situation des plus florissantes, tels furent les principaux résultats de ce règne fécond et chevaleresque.

Avec lui finirent les rois des Asturies proprement dits, son fils, don Garcie, ayant pris le titre de roi de Léon, que nous verrons continué par les Alfonse qui suivirent.

ALFONSE IV

LE MOINE

ALFONSE IV LE MOINE

━━━━━◆━━━━━

Don Alfonse, fils du roi Ordonno II, et petit-fils d'Alfonse le Grand, fut proclamé roi de Léon en 924.

Son premier soin, en montant sur le trône, fut de rappeler de l'exil l'évêque Fronimius, dont son prédécesseur avait fait mettre à mort les frères, et cette réparation publique, donnée au prélat, lui conquit toutes les sympathies.

D'un caractère plein de douceur, aimant par dessus tout la paix et le calme, Alfonse IV plaçait les devoirs religieux au-dessus de ceux du trône, et tous ses efforts tendirent, pendant le temps qu'il fut roi, à fortifier chez son peuple des sentiments de dévotion que la fréquence des guerres avaient un peu dissipés.

C'était un de ces princes dont l'ambition paisible se borne à donner l'exemple d'une vie exempte de faiblesse ou de fautes.

Ses jours s'écoulaient sans bruit, au milieu de ses sujets qui le vénéraient, mais dont les instincts militants eussent préféré un roi plus guerrier.

Toutefois, il est bon de remarquer que, pendant les cinq années environ que régna Alfonse IV, aucun signe de mécontentement ne fut donné par le peuple, qui ne pouvait s'empêcher de reconnaître que si son roi ne visait à aucune conquête, il s'appliquait néanmoins à gouverner de façon que ses sujets jouissent paisiblement des bienfaits de la paix.

Alfonse IV avait épousé une princesse du nom d'Urraque, qu'il aimait tendrement et dont il eut un fils appelé Ordono. Trois ans après son élévation au trône, Alfonse perdit cette épouse bien-aimée, et le chagrin qu'il en ressentit fut tel, qu'il résolut de renoncer au rang suprême qu'il occupait et de prendre l'habit religieux.

Bientôt il mit ce projet à exécution et, appelant son frère, don Ramire, à Zamora, il fit publiquement abdication de sa couronne en sa faveur, et se retira dans le monastère de Sahagun.

Don Ramire monta donc sur le trône de Léon; mais à peine y était-il assis, qu'Alfonse, cédant à la sollicitation de quelques seigneurs qui le regrettaient, entreprit de ressaisir son sceptre; il revint donc à Léon où il n'eut besoin que de se montrer, pour qu'immédiatement la ville se déclarât pour lui.

Don Ramire, averti de cet événement, accourut en toute hâte avec ses troupes pour combattre son frère; mais la ville tint ses portes fermées. Il se vit dans la nécessité d'en faire le siége qui dura pendant deux années entières, et ne parvint à prendre la ville que par la famine.

Alfonse, ne voulant pas exposer tous

ceux qui avaient embrassé sa cause à périr misérablement, prit le parti d'aller se jeter aux pieds de son frère, afin d'obtenir de sa clémence qu'il épargnât tous les habitants, et il lui offrit de se livrer pour les sauver.

Don Ramire accepta cette offre, les partisans d'Alfonse profitèrent d'une amnistie générale, et le prince expia cruellement sa faute en se voyant jeter en prison, après avoir eu les yeux crevés.

Ce malheureux roi, victime d'un revirement d'idées qu'il faut attribuer à de pernicieux conseils, fut, quelque temps après, transféré dans le monastère de Saint-Julien à Ruiforco, où il mourut de chagrin et de douleur, en 932.

Le châtiment terrible qui fut appliqué à Alfonse IV semble empreint d'une cruauté que les mœurs actuelles repoussent ; mais en se reportant à l'époque où ces faits se produisirent, on cesse au moins, de le considérer comme un raffinement de sévérité.

L'aveuglement était la peine ordinaire réservée aux rebelles, et on trouve, dans l'histoire d'Espagne, de nombreux exemples de cette barbare coutume.

Toutefois, jamais peut-être prince ne fut plus digne d'être plaint qu'Alfonse, en raison de la douceur de ses mœurs et de la bonté de son cœur.

ALFONSE V

LE NOBLE

ALFONSE V LE NOBLE

Don Alfonse, fils du roi Bermude et de la reine dona Elvire, n'avait que cinq ans lorsqu'il perdit son père et fut appelé à régner sur l'Espagne.

Il fut couronné roi, en grande pompe, dans l'église Sainte-Marie de Léon.

Son éducation fut confiée au comte don Melendo Gonzalès.

C'était en l'an 999 ; à cette époque, le royaume de Léon avait cruellement souffert des invasions mauresques ; les vingt dernières années qui s'étaient écoulées avaient été marquées par de sanglants combats, et la guerre avait ruiné bon nombre de villes.

Alfonse V étendait son sceptre sur la Galice, les Asturies et le royaume de Léon; mais dans les mains débiles d'un enfant, il eût été difficile à maintenir haut et ferme, si la reine mère et don Melendo Gonzalès n'avaient, par leurs sages conseils, imprimé une excellente direction aux idées du jeune prince qui, dès qu'il eût atteint l'âge de raison, commença à donner des marques d'une haute intelligence.

Marié en 1014 à dona Elvire, fille du comte Gonzalès, son gouverneur, on le vit occupé du soin de reconstruire Léon, qu'Al Mansour avait détruit; bientôt, les églises et les monastères se relevèrent, les villes furent rebâties et le royaume se trouva replacé dans une situation florissante, relativement à l'état dans lequel l'avaient plongé les désastres des règnes précédents, que la guerre et la famine avaient signalés.

Une alliance qu'Alfonse fit avec le roi de Navarre et le comte de Castille, dont les

États étaient alors en proie à la guerre civile, le mit à couvert des tentatives qu'auraient pu faire les Maures, et il en profita pour réviser les anciennes lois du royaume qui n'étaient plus en harmonie avec les besoins et les idées de son peuple.

En 1020, un concile solennel fut célébré à Léon, et ce fut dans cette assemblée, à la fois politique et ecclésiastique, qu'on rédigea le fameux *fuero* de Léon, sorte de charte qui, émanée de la volonté royale, offre une fois de plus l'exemple de la constante préoccupation que ne cessèrent d'avoir les souverains espagnols d'assurer le bonheur de leur peuple.

On ne saurait trop insister sur l'immense portée qu'eût sur les destinées du royaume l'érection de ce monument législatif, il ouvrit une ère de sage liberté et d'appui mutuel entre le trône et les cités péninsulaires, qui semblèrent s'unir dans une même pensée de patriotisme et de nationalité.

Et cet acte, qui eût suffi à illustrer la mémoire d'Alfonse V, fut apprécié par ses contemporains comme il méritait de l'être ; l'historien Lucas de Thuy s'exprime ainsi à son égard :

« Le roi Alonzo, après avoir rebâti les murs de la cité de Léon, lui donna de bons *fueros* et des coutumes (*mores*) qu'elle gardera jusqu'à la fin du monde. »

Le comte de Castille et le roi de Navarre suivirent l'exemple d'Alfonse en octroyant des chartes aux municipalités, mais tout l'honneur en revient au roi de Léon, qui, le premier, en dota ses sujets.

Un autre fait à citer à la louange d'Alfonse V, fut la translation qu'il ordonna des corps des rois ses prédécesseurs, qui avaient été enlevés par les Maures, ou qui se trouvaient dans différentes contrées, et qu'il fit solennellement rapporter à Léon, où une magnifique sépulture leur fut élevée dans l'église de Saint-Jean-Baptiste.

Après avoir, ainsi que nous venons de le rapporter, donné de précieux gages de sollicitude pour les intérêts de ses sujets,

Alfonse songea à porter ses armes contre les Mahométans, afin de les obliger à restituer ce dont ils s'étaient emparés sous le règne du roi Bermude, et à cet effet, il assembla une forte armée et se mit à la tête des troupes qu'il conduisit de Zamora sur les rives opposées du Duero, où tout le pays appartenant aux Maures fut saccagé et conquis.

Il arriva ainsi, toujours victorieux, devant Visée, dont il fut obligé de faire le siège, et avec cette ardeur qu'il apportait dans toutes ses entreprises, il voulut diriger et surveiller lui-même les moindres opérations. Cet empressement lui fut fatal.

Un jour que, désireux de reconnaître l'endroit qui serait le plus propice à un assaut, il s'approcha des murailles, sans avoir pris la précaution de se cuirasser, tant il méprisait le danger, une flèche, partie des remparts, vint l'atteindre mortellement ; transporté dans sa tente, il expira le 5 mai 1027, laissant de la reine dona Elvire Melindez, sa femme, deux enfants, don Bermude et dona Sanche.

Veuve de son chef, l'armée se vit dans la nécessité de lever le siège de Visée, et les seigneurs ramenèrent à Léon le corps du noble roi, qui fut inhumé dans l'église de Saint-Jean-Baptiste.

Cette mort fut un fâcheux événement, elle priva le royaume d'un roi bon, charitable, pieux et qui joignait le mérite d'un guerrier, aux lumières d'un grand législateur.

Elle interrompit son règne au moment où il allait, par ses victoires, achever sa glorieuse entreprise.

Des dons nombreux furent faits par ce prince aux églises et aux monastères ; l'église Sainte-Marie de Léon, dans laquelle avait eu lieu la cérémonie de son couronnement, fut constamment l'objet de sa prédilection marquée : il confirma, en sa faveur, la donation qui lui avait été faite par son prédécesseur, Ordono II, du château de San-Salvador ; il fonda le monastère de Saint-Jacques, dota l'église d'Oviedo de grandes propriétés et accorda des libéralités à un grand nombre d'autres établissements reli-gieux.

Très-pieux, très-magnanime et très-charitable, il eût toutes les qualités qui ren-dent les rois chers aux peuples.

ALFONSE VI

LE BRAVE

ALFONSE VI LE BRAVE

Nous voici arrivé à un règne fertile en grands événements, et afin de mieux apprécier les faits qui se sont produits pendant la période qui s'écoula entre l'année 1065, date de l'avénement d'Alfonse VI au trône de Léon, et l'année 1109, qui fut celle de sa mort, nous allons dire quelques mots de la situation qui fut faite à ce prince, lorsqu'il fut appelé à recueillir la succession du roi Ferdinand, son père.

Ferdinand Ier, qui mérita le glorieux surnom de Grand, réunit, on le sait, sous son sceptre, les royaumes de Léon et de Castille.

En 1064, dans la prévision d'une mort qui pouvait le surprendre d'un instant à l'autre, il résolut de partager ses États entre ses enfants, croyant par là assurer leur tranquillité, et bien que ce dessein ne rencontrât pas la complète approbation de son conseil, il n'en persista pas moins dans cette idée de démembrement, et, en conséquence, il donna la Castille à don Sanche, son fils aîné, le royaume des Asturies et de Léon à don Alfonse, celui de Galice et de Portugal à don Garcie, et il affecta en souveraineté à sa fille, dona Urraque, la ville de Zamora et ses dépendances, tandis que dona Elvire, la seconde, recevait Toro et le territoire qui en dépendait.

Or, il était facile de prévoir que l'ambition de l'un ou de l'autre modifierait ces dispositions. Ce fut ce qui arriva.

Sanche, roi de Castille, n'avait pu voir sans déplaisir les royaumes de Léon et de Galice distraits de la couronne dont la possession lui revenait, et, tant que sa mère, la reine dona Sanche vécût, il parut rester en bonne intelligence avec ses frères; mais il nourrissait contre eux un sentiment de jalousie qui se manifesta aussitôt après la mort de cette princesse, survenue en 1067.

Décidé à tout entreprendre pour conserver intact son droit d'aînesse, il commença par s'attaquer au roi de Léon, dont il était plus proche voisin, et dans une bataille qu'il lui livra près Llantada, il le défit.

Alfonse s'en revint dans sa capitale où, grâce à l'intervention des infantes, une sorte de trêve parut se conclure entre les deux frères.

Toujours disposé à détrôner son frère, le roi Sanche reprit l'offensive, et à la tête d'un grand nombre de troupes, il en vint une seconde fois aux mains.

Or, cette fois, Alfonse se trouvait sur ses gardes ; il avait fait comprendre à son frère, Garcie, l'utilité de s'entendre pour repousser l'ennemi commun, qui en voulait aussi bien au trône de Galice qu'à celui de Léon, et il avait obtenu de lui un important renfort de troupes expérimentées, qui vinrent se ranger sous son commandement.

La bataille se livra le 14 juillet, dans

les environs du fleuve Carrion; après une
lutte opiniâtre et qui dura presque tout le
jour, la victoire se déclara pour le roi
Alfonse, qui mit les Castillans en fuite.

Si Alfonse l'eut voulu, il eut pu anéantir ses ennemis ; mais avant d'être roi, il
était chrétien, et chrétien dans la plus belle
acception du mot. Son cœur, plein de droiture et de loyauté, souffrait péniblement
d'être obligé de haïr son propre sang; aussi,
dès qu'il fut victorieux, au lieu de poursuivre les fuyards ou de s'emparer de la personne de son frère, il défendit qu'on les
inquiétât dans leur fuite et laissa Sanche
libre d'organiser une revanche qu'il ne tarda
pas à prendre.

Dans la nuit même qui suivit le jour de
sa défaite, celui-ci rassembla les débris de
son armée, et prenant conseil du fameux
Rodrigue Diaz, plus connu dans l'histoire
sous le nom du Cid Campeador, il se détermina à faire volte-face et à fondre au point
du jour sur l'armée d'Alfonse, dont les hommes, pleins de confiance dans le succès de
la journée, réparaient, par le sommeil, les

forces qu'ils avaient perdues pendant la lutte.

Ainsi pris à l'improviste, ils ne firent qu'une résistance inutile, ils furent taillés en pièces, et le roi Alfonse dut se réfugier dans l'église Sainte-Marie de Carrion, où il fut rejoint par son frère qui s'empara de sa personne.

L'infante dona Urraque, qui portait une grande amitié à Alfonse, accourut aussitôt auprès de Sanche pour le conjurer de respecter les jours de son frère, ce qu'elle obtint, à la condition qu'Alfonse renoncerait à tous ses droits en faveur de Sanche et prendrait ensuite l'habit religieux.

Alfonse dut subir les conditions de son vainqueur.

Il entra dans le monastère de Sahagun; mais tandis que Sanche, tout entier à son ambition, cherchait à détrôner le roi Garcie et à s'emparer de ses Etats, comme il l'avait fait de ceux d'Alfonse, celui-ci rêvait au moyen de passer en pays étranger, ce qu'il put faire avec l'aide de sa sœur Urraque.

Il alla demander un asile à son allié et

son tributaire, l'émir El Mâmoum de Tolède, qui le reçut comme un fils et lui assigna un logement dans son propre palais.

Alfonse reconnut cette bonne hospitalité en combattant pour lui contre les princes arabes, avec lesquels l'émir était en guerre.

Ce dont El Mâmoun se montra vivement touché.

Mais tout en rendant justice aux bons procédés qu'avait pour lui l'émir, Alfonse ne pouvait se défendre d'un sentiment pénible en songeant que cette magnifique cité de Tolède était aux mains des Musulmans, et un jour qu'il se reposait, assis au pied d'un arbre, il feignit de dormir en entendant dire à l'émir, par l'un de ses officiers, que si pendant sept années consécutives, on parvenait à ravager la campagne qui entourait Tolède, il serait facile de la prendre la huitième année.

Alfonse promit de se souvenir de ces paroles.

Ce fut même à l'occasion de cette aventure, que quelques auteurs anciens prétendent qu'on lui donna le nom de *Main percée ;*

ils prétendent que l'émir s'étant aperçu de la présence d'Alfonse, au moment où les paroles imprudentes que nous venons de rapporter avaient été prononcées, avait ordonné, afin de s'assurer qu'il dormait réellement, qu'on lui coulât du plomb fondu dans la main.

Nous ne reproduisons cette fable qu'à titre de curiosité. Si on a parfois désigné le grand roi Alfonse VI sous le nom d'*Alfonse à la main percée,* ç'a été une allusion faite à son inépuisable libéralité ; sa main semblait percée, parce que tout ce qu'elle contenait s'en échappait au profit de ceux qui le servaient.

Quoi qu'il en soit, Alfonse supportait assez impatiemment son exil, lorsque don Sanche, qui assiégeait Zamora, dont il voulait dépouiller sa sœur, dona Urraque, fut tué par un citoyen de cette ville, le 5 octobre 1072.

La nouvelle de cette mort ne fut pas plutôt parvenue aux oreilles d'Alfonse, qu'il se présenta résolûment devant l'émir, au risque de le trouver défavorable à ses inté-rêts, et lui racontant comment la Providence venait de le mettre à même de reconquérir sa couronne, il lui exposa son dessein d'aller immédiatement en prendre possession.

L'émir El Mâmoun, admirant cette franchise, bien digne d'une âme chrétienne, lui donna une escorte suffisante et l'assura du désir qu'il avait de le voir au plus tôt replacé sur le trône de ses pères.

Alfonse rejoignit sa sœur, dona Urra-que, et Zamora le reçut avec des acclama-mations de joie.

Bientôt les Castillans le supplièrent de venir se faire proclamer en Castille ; toute-fois, comme le bruit avait couru que c'était par son ordre que don Sanche avait été tué, les grands de Burgos exigèrent qu'avant d'être reconnu comme roi, Alfonse prêtât le serment qu'il était complètement étranger au meurtre.

Alfonse, dont la conscience était sans reproche, ne fit aucune difficulté de prêter ce serment ; toutefois, il fut choqué de cette exigence qu'il regardait, à juste titre, comme une insulte faite à sa majesté ; mais animé du désir d'apaiser tout trouble dans le pays, il voulut bien consentir à se soumettre.

Or, le plus difficile était de trouver un homme assez osé pour recevoir un serment royal. Il n'y eut que le Cid qui eut cette hardiesse ; mais, soit bravoure, soit témérité, il fit répéter une seconde fois au roi les paroles qu'il avait prononcées et s'attira par ce manque absolu de convenance le juste ressentiment de son souverain.

Alfonse ne fut pas plutôt roi qu'il eût à combattre les infidèles en prenant la défense de l'émir de Tolède, El Mâmoun, contre celui de Séville, Ebn Abed, déjà maître de Cordoue, et qui avait tenté d'envahir les Etats d'El Mâmoun.

Ebn Abed fut tellement effrayé par le génie militaire d'Alfonse, qui le vainquit et ravagea tout le territoire de Cordoue, qu'il fut guéri du désir de jamais rien entreprendre contre les Etats d'El Mâmoun.

La mort de ce dernier vint, en1077, délier Alfonse du serment qu'il avait fait de ne rien entreprendre contre le royaume de Tolède tant que l'émir y régnerait; le roi chrétien était trop fidèle observateur de sa parole pour trahir la foi jurée; mais s'il regrettait El Mâmoun, dont il n'avait eu qu'à se louer et auquel il témoigna sans cesse une profonde reconnaissance pour la bienveillante hospitalité qu'il avait reçue de lui, dès qu'il apprit sa mort, il put songer à la gloire immense qu'il acquerrait s'il parvenait à chasser les Maures de la vieille cité de Tolède, l'une·des plus importantes capitales de l'Espagne.

D'ailleurs, le nom d'Alfonse était déjà si grand, que les Maures eux-mêmes, transportés d'admiration pour les vertus de ce grand prince, le sollicitèrent secrètement de s'emparer des États qui obéissaient alors au second fils d'Ebn Abed, Yahya, tyran lâche et sanguinaire, que la débauche et des actes de cruauté sans nombre avaient rendu odieux à tous.

L'entreprise était grande et plaisait à l'esprit chevaleresque du magnanime Alfonse; mais, d'un autre côté, il envisageait, avec cet esprit juste et droit qui lui était propre, les difficultés qu'il aurait à vaincre, et il hésitait à prendre un parti décisif. Les grands avantages que la Religion et l'Espagne pouvaient tirer de cette conquête l'engageaient fort à la tenter ; mais, d'un autre côté, sa grande délicatesse de sentiment faisait naître en sa conscience des scrupules chimériques ; il se détermina, pour sortir de cette alternative, à consulter les grands du royaume ; mais parmi eux, il rencontra la même divergence d'opinions. Les uns le pressaient d'engager la lutte, les autres lui représentaient les dangers qu'elle pouvait amener et les conséquences fâcheuses qui résulteraient d'un échec.

Toutefois, après avoir pesé avec impartialité le pour et le contre de la question, Alfonse se décida à prendre les armes, en songeant avant tout à l'honneur et à la gloire qu'en retirerait la Religion en voyant tomber le principal rempart des infidèles en Espagne.

Nous ne ferons pas ici l'historique de cette guerre, dont le récit se trouve dans

toutes les histoires d'Espagne. C'est une
des plus belles pages de ses fastes histo-
riques.

Courage, vaillance, grandeur, magnificence, science et génie, tout s'y trouve ras-
semblé ; elle eût suffi pour couvrir de gloire
Alfonse, si ce roi, illustre à tant de titres,
n'avait su faire de son long règne une
épopée grandiose et unique.

Ebn Abed, dont l'ambition n'avait pas
de limites, craignait également le nouvel
émir de Tolède et le roi de Castille et de
Léon ; aussi dans le but de précipiter la
chute au moins de l'un d'eux, il fit un traité
d'alliance avec ce dernier, et mit à sa disposition toutes les troupes qu'il lui fut possible de réunir.

Ce fut donc de concert avec lui qu'Alfonse tint la campagne.

Il est à propos, avant de suivre le
monarque catholique dans sa marche triomphale, de consigner ici le récit d'un événement qui plaça la Navarre sous la domination du roi de Castille.

Sanche, qui régnait sur cette contrée,

étant à la chasse au sanglier, fut traîtreusement mis à mort par son frère Raymond, qui voulait s'emparer de son trône, et qui fut obligé de fuir devant l'indignation que cette coupable action souleva parmi le peuple.

Sanche mort, son héritier légitime était un enfant en bas âge, les Navarrois, ne voulant pas que la couronne passât à don Ramire son frère, l'offrirent à Sanche, roi d'Aragon ; mais don Ramire, blessé de cette préférence, proposa à son tour à Alfonse de se rendre dans la province de Rioja et dans celle de Biscaye, où les habitants, préparés à cet effet, l'accueillirent comme leur souverain.

Sanche, de son côté, se faisait proclamer roi à Pampelune.

Un arrangement intervint, qui conserva à celui-ci une portion du territoire, dont la plus grande partie fut incorporée à la couronne de Castille.

Déjà la Galice y avait été annexée par suite du mauvais gouvernement de son roi Garcie, qui, lors de la mort de Sanche le

7*

Fort était venu à Léon pour y semer le trouble, et qui avait perdu, par cette imprudente démarche, et son trône et sa liberté.

Vingt jours après sa mort, son corps fut transporté de Tolède au monastère de Sahagun, où il avait voulu être enterré. Ses funérailles furent faites avec toute la pompe qui convenait à l'un des plus grands rois de l'Espagne.

Avant de mourir, il avait pris soin de régler sa succession, et faisant épouser sa fille dona Urraque à Alfonse Ier, roi d'Aragon, ce fut à lui qu'il laissa sa couronne et son trône.

Alfonse VI avait été marié six fois.

Sa première femme fut Agnès, fille du duc d'Aquitaine, qu'il épousa vers 1073. En 1077, il se remaria à la princesse Ximena Munoz, dont il eut deux filles, dona Theresa, femme de Raimond de Toulouse et dona Elvire, femme d'Henri de Besançon.

Séparé de cette princesse, il contracta mariage vers 1080 avec Constance, veuve d'Hugo, comte de Châlons, et fille de Robert, duc de Bourgogne.

Il épousa ensuite, en 1093, Berthe dont il fut veuf en 1095, et lorsque la jeune Zayda, fille de l'émir de Séville, qu'il avait été autorisé à épouser, au moins nominalement, fut convertie à la religion chrétienne, il l'épousa réellement et eut d'elle don Sanche et deux filles : Sancha, mariée au comte Rodriguez, et Elvira, mariée à Roger, roi de Sicile.

Enfin, après la mort d'Élisabeth-Zayda, survenue en 1107, il épousa une princesse du nom de Béatrix, qui lui survécut.

Alfonse VI fut le père et le défenseur de l'Église ; sa dévotion à la règle de saint Benoît fut extrême, et il combla de dons et de faveurs le monastère de Cluni, dont il avait fait élever à ses frais la principale église.

Il mérita le nom de lumière et de bouclier de l'Hispanie, que lui donnent les chroniques de Saint-Maxence et de Floirac.

On voit, par ce qui précède, combien le petit royaume de Pelage avait grandi et prospéré sous les Alfonse; nous allons le voir plus important et plus florissant que jamais, lorsque Alfonse VI aura soumis Tolède, le plus beau fleuron de la couronne des rois maures.

Nous avons dit que c'était vers 1080 que le roi de Castille avait commencé ses opérations dans le but de s'emparer de cette ville.

Il débuta par entrer dans le pays ennemi en traversant les montagnes qui séparent les deux Castilles et se rendit maître d'une quantité considérable de places, qui devaient lui faciliter le passage lors de la seconde campagne qu'il entreprit en 1083, et dans laquelle Maqueda, Santa-Olalla et tout le pays qui s'étend depuis Tavera jusqu'à Madrid passèrent sous sa domination.

Aux nombreuses troupes qu'il avait levées s'étaient jointes des troupes basques, portugaises, françaises, toutes également désireuses de concourir à cette expédition.

Fidèle à suivre le plan qu'il avait conçu d'après la confidence qu'il avait entendue lors de son séjour chez El Mâmoun, il eut grand soin de dévaster tous les environs à plusieurs lieues à la ronde, et pendant sept années que dura le siége, il se fit de la famine un auxiliaire puissant.

Enfin, le 25 mai 1085, jour à jamais mémorable, le grand Alfonse entra en vainqueur dans cette orgueilleuse cité dont la prise combla de joie toute l'Espagne chrétienne.

Tolède ! la ville aimée des puissants émirs ! Tolède, le cœur de l'Espagne, était rentrée dans le giron de l'Église, et cela par la vaillance, la sagesse et la bravoure d'un Alfonse.

Ce fut une allégresse générale ; toute la péninsule ressentit comme une sorte de trépidation qui fit trembler les trônes arabes jusque dans leurs plus profondes racines.

Madrid, Guadalajara, Maqueda, Calatrava tombèrent au pouvoir du glorieux monarque qui régna depuis Cuença jusqu'à Alcantara, en attendant qu'il prît Lisbonne et posât son sceptre sur le tiers de la Péninsule.

L'émir se réfugia à Valence, emportant

les trésors que la générosité d'Alfonse lui laissa, et les habitants furent libres de rester dans la ville ou de se retirer.

Bientôt des Castillans, des Français et des Mozarabes vinrent habiter Tolède et y recevoir des fueros qui leur garantissaient leur autonomie, leur culte, leur langue et leurs lois, et Alfonse en fit sa résidence ordinaire.

Trop tard l'émir de Séville comprit la faute qu'il avait faite en prêtant la main aux desseins d'Alfonse, et il s'aperçut bientôt que Tolède aux Chrétiens, c'était le signal de la ruine pour l'Espagne musulmane, c'était le chemin ouvert pour que les Chrétiens pussent s'emparer de Badajoz, de Séville et de Valence..

Pendant 374 ans, Tolède fut aux Arabes ; aucun d'eux ne se trompa sur la portée de sa perte.

Appuyés sur Tolède, les Chrétiens purent prendre une offensive qui alla toujours croissant.

La mort de l'émir de Saragosse, survenue la même année, permit à Alfonse de

faire une excursion dans ses États, et bientôt, des difficultés qui s'élevèrent entre l'émir
de Séville, au sujet de la perception de l'impôt qu'il devait payer à la Castille, amenèrent une rupture qui fut suivie d'une guerre
dont l'avantage resta aux Maures auxquels
s'étaient joints les Almoravides, et la bataille de Zalaca fut funeste aux Chrétiens.

Toutefois, Alfonse eut la générosité,
lorsque l'émir de Séville fut attaqué par
Youssouf ben Taschfyn, prince des Almoravides, qui ne l'avait secouru que pour le
détrôner ensuite, de lui envoyer des troupes
pour l'aider à repousser l'agresseur ; mais
ce secours fut inutile et Séville comme
Cordoue tombèrent au pouvoir des Almoravides.

Pendant ce temps, Alfonse affermissait
de nouveau sa puissance, et, en 1093, il prit
Santarem, Lisbonne et Cintra,

Or, tandis que le roi de Castille ajou-
tait sans cesse de nouveaux lauriers à sa
couronne, le Cid, marchant sur les traces de
son glorieux monarque, dont il avait
reconquis toutes les bonnes grâces, le Cid,

disons-nous, était allé mettre le siège devant Valence qui, pressée par la famine, fut contrainte de se rendre en 1094.

Alfonse, qui ne laissait jamais un action déclat sans récompense, voulu que le Cid exerçât dans la ville qu'il lui avait conquise, et tant qu'il vivrait, l'autorité souveraine.

Cet acte de munificence honore le grand roi et celui qui s'en rendit digne. Malheureusement, le Cid n'en jouit pas longtemps ; il mourut en 1099.

Le Cid est une de ces grandes figures qui apparaissent de loin en loin dans l'histoire d'un peuple pour en personnifier la valeur ; ses hauts faits et ses vertus militaires sont devenus si populaires qu'il serait inutile de les rappeler.

Il appartenait à un roi tel qu'Alfonse VI de commander à une guerrier semblable au Cid. Ces géants du passé dominent les siècles du haut de leur immortalité.

Youssouf, le chef de la dynastie des Almoravides, en s'emparant des émirats andaloux, avait conquis une puissance dont la force n'était pas contestable ; toute l'Espagne musulmane lui était soumise. Les divers souverains de l'Est et du Midi avaient cessé de régner, et, à sa mort, son fils Ali se trouva maître de tous les États qui s'étendaient de Fraya à Cadix et de Tunis à Tanger ; mais le jeune Almoravide convoitait une proie qui lui paraissait plus enviable que toutes les villes qu'il possédait.

C'était Tolède !

Tolède, l'inexpugnable cité dont il chargea son frère de poursuivre la conquête, en commençant par Uclès.

Mais Alfonse n'avait pas coutume de laisser enlever ses places fortes. En apprenant la nouvelle de la prise d'Uclès, il voulut monter à cheval et aller châtier lui-même les Africains ; mais son grand âge ne lui permettait pas de prendre le commandement de l'armée, et il fut dans la nécessité de le confier à son fils, don Sanche, à peine âgé de onze ans, qui marchait sous la conduite du comte Garcia de Cabra.

Les Castillans attaquèrent l'ennemi avec leur impétuosité habituelle, mais au

plus fort de la mêlée, l'infant fut renversé
de cheval, et le comte Garcia le couvrit de
son bouclier; le danger devenait des plus im-
minents ; alors, le comte, le pied abattu par
un coup de sabre, se coucha sur le corps de
l'infant pour le protéger, ne pouvant plus le
défendre ; tous deux furent tués.

La nouvelle de la mort de don Sanche
plongea le roi dans une douleur profonde ;
déjà malade lors du départ de ce fils aimé,
il ne survécut que dix-huit mois à la déroute
d'Uclès et au fatal trépas qui l'avait marquée, et le 30 juin 1109, il rendit son âme à
Dieu au milieu de l'affliction générale.

Sa générosité égala sa valeur militaire.

Lorsque, à la suite de la prise de Tolède, ce prince voulut achever de réduire les
Maures qui, à Séville et à Badajoz, faisaient
de grands préparatifs contre lui, il écrivit au
roi Philippe de France pour obtenir de l'aide,
et immédiatement les principaux seigneurs
français passèrent les Pyrénées pour lui offrir leur épée.

Parmi eux se trouvaient Raymond de

Bourgogne, Henri de Besançon et le comte de Toulouse.

Tous trois furent récompensés avec magnificence ; chacun d'eux reçut la main d'une des filles du puissant monarque. Henri de Besançon eut le comté de Portugal, qu'il érigea plus tard en souveraineté et dont son fils fit un royaume.

Raymond de Bourgogne eut la Galice, et le comte de Toulouse s'en retourna dans son comté, comblé d'honneurs et de présents.

Au reste, tous ceux qui avaient pris part à la guerre ressentirent les effets de la libéralité royale, qui s'étendit jusqu'au plus humble.

Alfonse était généreux par nature ; il aimait à faire des heureux, et le nombre de ceux qu'il fit fut grand.

Il livra en personne trente-neuf batailles rangées aux Arabes dont il fut la terreur.

Le premier des rois d'Espagne, il prit le titre d'empereur et roi, par la grâce de Dieu, de toute l'Hispanie.

Il éleva la nation espagnole au plus haut degré de gloire où elle fût encore montée, depuis la décadence des Goths.

On ne peut mieux faire l'éloge de ce règne dont l'éclat resplendit si radieusement, qu'en citant ce passage des chroniqueurs espagnols :

« Telle était la sécurité dont on jouissait sous son règne, qu'une femme seule, et portant à la main une somme d'argent, aurait pu, de nuit comme de jour, parcourir tout son royaume ! »

Des miracles se produisirent à l'occasion de cette mort regrettable ; l'eau coula pendant trois jours du pied de l'autel de Saint-Isidore, à Léon. « Comme si les pier-
« res elles-mêmes, dit Lucas de Tuy, de-
« vaient verser des larmes ; car un fois le
« roi mort, on avait peu d'espoir de conser-
« ver Tolède, et les plus solides murailles
« ne valaient pas, pour la défendre, le cou-
« rage d'Alfonse. »

ALFONSE VII

LE BATAILLEUR

ALFONSE VII LE BATAILLEUR

Alfonse Ier, roi d'Aragon, qui devint roi de Castille par suite de son mariage avec l'infante dona Urraque, fille d'Alfonse VI, était fils de Sancho Ramirez, roi d'Aragon, et de la reine Félicie.

A la mort de son frère don Pedro, roi d'Aragon et de Navarre, qui arriva en 1104, ce prince monta sur le trône.

En 1106, son mariage avec la princesse Urraque fut célébré avec beaucoup de pompe à Tolède ; la princesse était veuve du comte Raymond de Bourgogne, dont il lui restait un fils.

Cette union, que le roi Alfonse VI avait considérée comme un gage de tranquillité pour le royaume, donna lieu à des dissensions fâcheuses.

La reine, dont le caractère viril et passionné se heurtait sans cesse à la volonté du roi, causa, par son ambition, des troubles dont la fréquence fut un véritable malheur pour la Castille.

A la mort d'Alfonse VI, le roi d'Aragon se trouvait avec sa femme en Aragon, et appelé par son droit à prendre place sur le trône de Castille, il se dirigea aussitôt à la tête d'une armée vers la capitale de ses nouveaux Etats.

Mais l'armée fut inutile ; déjà la réputation d'Alfonse l'avait précédé, et il ne trouva sur sa route et dans les villes qu'il traversa, que des sujets tout disposés à le reconnaître et à lui obéir.

Léon le reçut avec acclamation ainsi que la Castille, et tous les Etats qui lui appartenaient se soumirent sans constestation.

Malheureusement, la reine, jalouse de

conserver intact un pouvoir qui lui revenait en propre, comme fille et héritière du roi Alfonse VI, n'était pas d'avis que son royal époux l'exerçât en son nom, et son premier soin fut de faire acte d'autorité, en chassant du palais tous les gens qui avaient la confiance du roi, affectant de ne prendre conseil que du comte Gomez, qui occupait un rang élevé à la cour, et qui avait aspiré à sa main sans pouvoir l'obtenir.

Alfonse, dont le grand cœur souffrait de cette tyrannie, essaya d'abord, par des remontrances et de sages conseils, à faire rentrer la reine dans le devoir; mais bientôt, reconnaissant l'inutilité de ses efforts, il dut se résigner à user de sévérité, et il fit enfermer dona Urraque dans le château de Castellar ; mais quelques gentilshommes, qui avaient vu avec déplaisir l'avénement du roi, s'unirent pour la tirer de captivité, et à partir de ce moment, elle se livra sans scrupule à une guerre acharnée contre l'autorité de son époux.

Profitant de ces discordes, on vit alors le comte de Trava, gouverneur du jeune

Alfonse Raymondez, fils de dona Urraque et de son premier mari, tenter de distraire la Galice de la couronne de Castille, en soulevant la noblesse galicienne qui résolut d'élire pour roi de Galice ce même Alfonse Raymondez, qui n'était alors âgé que de trois ans.

Mais le roi d'Aragon surveillait ces ténébreux desseins, et se mettant à la tête de ses troupes, il fondit inopinément sur la Galice et s'empara des conjurés.

La reine, effrayée, sollicita une réconciliation, à laquelle le noble Alfonse voulut bien consentir, et qui après de nouvelles fautes de la reine, aboutit à un divorce qui fut publiquement prononcé, à Soria, en 1111.

Bien que beaucoup d'historiens modernes aient cru devoir, en relatant les regrettables dissidences qui s'élevèrent entre Alfonse VII et son épouse, s'inspirer de certains écrits du temps, pour présenter la reine Urraque comme une Messaline sans cesse occupée à assouvir de coupables passions, il faut bien se garder d'ajouter foi à ces accusations, qu'on retrouve reproduites sans examen, et de considérer cette princesse sous l'aspect que lui ont donné des écrivains plus empressés de se faire l'écho des détracteurs de la royauté, que de chercher la vérité.

A cette époque, comme de nos jours, l'esprit de parti, au mépris du respect de toute convenance, ne songeait qu'à déverser la honte et le blâme, sans se préoccuper de la vérité des assertions qu'il émettait.

Les ennemis du roi et ceux de la reine croyaient servir les intérêts réciproques de l'un et de l'autre en appelant la calomnie à leur aide, et on ne saurait donner créance aux basses accusations qui ont pour objet de faire descendre une reine, au rang d'une femme de mauvaise vie.

En consultant les documents qui ont servi de base aux écrivains contemporains, il est facile de reconnaître que la prétendue liaison de la reine avec le comte don Gomez est dénuée de fondement. La confiance qu'elle avait en ce seigneur, le dévouement qu'il lui portait, et la faveur dont il jouissait près d'elle, excitèrent l'envie et firent naître des conjectures injurieuses pour l'honneur et la réputation d'une reine, qui fut surtout coupable d'une ambition démesurée et qui sacrifia son bonheur domestique, aux décevantes satisfactions de l'orgueil.

Trop souvent l'éclat du trône, en mettant en évidence les grâces d'une reine, idole de son peuple, est impuissant à désarmer la calomnie. On ne saurait trop blâmer l'historien qui descend au rôle de pamphlétaire.

Le divorce d'Alfonse VII et de sa femme, basé sur des scrupules religieux, ne peut être remarqué que comme un fait dont l'appréciation échappe.

Les partisans de l'épouse répudiée étaient puissants, les fidèles sujets du roi étaient nombreux; partant, une lutte était inévitable; elle eut lieu le 26 octobre 1111, près de Sepulveda, dans un lieu appelé le Champ de l'Epine; et les troupes du roi, commandées par ce prince que la victoire protégeait sans cesse, n'eurent pas de peine à apaiser la sédition et à faire rentrer dans le devoir tout le pays qui était soulevé.

Cependant, les seigneurs qui se flattaient de rendre la Galice indépendante, continuaient leur rébellion, et l'infant don Alfonse fut sacré et couronné à Saint-Jacques.

Mais le roi, indigné de cette usurpation de pouvoir, marcha contre eux et les battit complétement à Via de Angos, puis il alla mettre le siège devant Astorga, qui se défendit avec opiniâtreté.

Cette guerre civile, préjudiciable aux intérêts du pays, éveilla l'attention du pape Pascal II, qui prit la résolution d'assembler un concile, à l'effet de statuer définitivement sur la validité du mariage d'Alfonse, et en 1113, ce concile en prononça définitivement la nullité.

Mais tandis que la cour et l'autorité ecclésiastique s'occupaient de cette grave question, dont la solution pouvait entraîner la perte de la Castille, les Maures ne restaient pas inactifs, et ils songèrent à tirer parti de cet état de choses pour tenter de reprendre Tolède, qu'ils convoitaient sans cesse, et dont ils regrettaient amèrement la perte.

Une forte armée fondit sur la province et vint assiéger le château de Moranto, puis elle alla investir Aurelia, et ravagea tout le territoire d'Uzeda.

En juillet 1114, Amzaladi, qui commandait les troupes mauresques, commença le siège de Tolède, mais la ville se défendit si bien, qu'il fut contraint de se retirer et de se rejeter sur d'autres places de moindre importance.

Ce fut alors qu'Alfonse, fatigué de soutenir contre la reine Urraque une lutte qui semblait devoir s'éterniser, en raison de la division qui s'était opérée entre les sujets de Castille et de Léon, dont une partie tenait pour lui et l'autre pour la reine, ce fut alors, disons-nous, qu'Alfonse jugea qu'il ferait sagement d'employer les forces dont il disposait contre les ennemis de la Religion, et de faire sentir aux infidèles la pesanteur de son bras.

En conséquence, il se disposa à aller

conquérir Saragosse, capitale de la Celtibérie, et le bruit de cette expédition s'étant répandu à l'extérieur, il lui arriva de France un grand nombre de gentilshommes, fiers de le seconder dans une pareille entreprise, et de vaincre à ses côtés.

De leur côté, les Maures, informés de ce qui se préparait contre eux, se mirent en devoir de résister, et ils fortifièrent la capitale menacée.

Vers la fin du mois d'août 1114, l'armée chrétienne se mit en marche et s'avança vers Tudèle en battant tout sur son passage ; une fois arrivé devant la ville, on tint conseil, et il fut arrêté qu'on se bornerait à enlever cette place, dont la possession était des plus importantes.

Il faut admirer, en cette circonstance, la prudence et la sagesse d'Alfonse, qualités rares chez les conquérants qui, souvent dominés par leur désir de gloire, ne savent pas modérer leur élan.

La place attaquée par Alfonse ne pouvait échapper au sort qui l'attendait ; elle fut prise et conservée, ce qui permit à

Alfonse d'attendre l'occasion favorable
d'attaquer Saragosse avec certitude de la
réduire. Cette occasion ne tarda point à se
présenter.

En 1118, l'armée chrétienne s'était encore renforcée de troupes françaises, ame-
nées par des gentilshommes de diverses
provinces du midi et du centre.

Alfonse se détermina à porter un coup
décisif.

Avec une impétuosité toute espagnole,
il fondit sur les Mahométans et les terrifia
par la rapidité de ses succès ; en un instant,
Saragosse fut investie de toutes parts. En
vain les Maures sollicitèrent à leur tour le
secours de leurs coreligionnaires de Lerida,
de Tortose, de Valence et de leurs autres
possessions. Tout fut inutile ; Alfonse, par-
tageant ses troupes en deux armées, en
laissa une sous les murs de la ville assiégée,
et à la tête de l'autre, il s'élança en rase
campagne, et courant à la rencontre des
Mahométans, qui s'avançaient pour défendre les assiégés, il les tailla en pièces, tua
leur général, s'empara de leurs dépouilles,

et revint triomphant devant Saragosse, qui bientôt fut emportée d'assaut. Un évêque fut nommé par son ordre, et la grande mosquée, purifiée, fut consacrée solennellement à Notre Seigneur Jésus-Christ.

Puis, avec la générosité particulière à ceux de sa race, le roi fit au vicomte de Béarn et aux autres gentilshommes français qui l'avaient secondé dans son entreprise, des libéralités dignes de son grand caractère et de sa munificence.

Après avoir choisi cette ville pour sa résidence ordinaire, Alfonse, continuant ses glorieux exploits, alla assiéger Tarragone dont il s'empara par la force de ses armes, et s'avançant toujours, il prit Borja Alagon et quantité d'autres places qui furent désormais acquises à sa couronne.

Puis, sans donner le temps aux Maures de s'opposer à ses brillantes conquêtes, il assembla de nouveau ses troupes et marcha sur Calatayud qu'il assiégea et prit, le 24 juin 1120, ainsi que toutes les places environnantes.

Tenant la campagne avec une persévérance sans égale, ce roi belliqueux tourna ses regards, l'année suivante, sur Daroca, et accompagné de seigneurs français, au nombre desquels était le duc de Poitiers, qui avait amené avec lui 600 chevaux, il remporta, le 17 juin 1121, la fameuse bataille de Cotanda, où quinze mille infidèles perdirent la vie.

Deux ans plus tard, il alla assiéger Alcolea, qui tomba en son pouvoir, et, animé par le zèle extrême qui le portait à n'accorder ni paix ni trêve aux ennemis du nom chrétien, il ravagea la contrée de Lérida, entra dans le royaume de Valence, qu'il remplit de terreur, et pénétra jusque sur les terres de Denia et de Murcie, promenant partout ses étendards victorieux.

Les Maures, consternés de ces victoires sans nombre, songèrent à se liguer contre le puissant prince qui menaçait de les exterminer tous, et onze gouverneurs de villes mauresques, assemblant leurs forces, marchèrent contre Alfonse, qui les attendit de pied ferme à Alcaraz. La bataille fut sanglante, mais encore une fois le monarque aragonais fut victorieux, et la Croix triompha du Croissant.

Alfonse rentra dans ses États, où il passa l'hiver, mais au printemps de 1124, il ouvrit la campagne en ravageant tous les territoires de Cordoue, de Jaen, et de Grenade.

Cette expédition eut un résultat des plus favorables au christianisme. Il se trouvait dans ces contrées des milliers de chrétiens qui s'y étaient maintenus depuis la conquête des Maures, et qui, privés de toute instruction religieuse, avaient fini par n'avoir plus que de vagues notions qui leur étaient restées par suite de la transmission héréditaire ; dix mille familles, qui se trouvaient dans cette situation, se placèrent sous la protection d'Alfonse, en implorant de lui la grâce d'être instruites par des ministres chrétiens.

Comme il est facile de le supposer, le roi accueillit cette demande avec joie, et non-seulement il y fit droit, mais encore il emmena la plupart de ces chrétiens qui

gémissaient de vivre au milieu des montagnes, et les transplanta dans les villes qu'il
avait prises et dont ils formèrent partie
intégrante de la population.

Malheureusement, parmi les gentilshommes français qui avaient aidé le roi
d'Aragon dans cette dernière campagne, il
s'en trouva un certain nombre dont l'ambition s'accrut à la vue des richesses territoriales conquises sur les Maures, et mécontents de ne recevoir qu'une large part du
butin comme récompense, et non des terres
comme ils l'avaient espéré, ils repassèrent
en France, au grand déplaisir du roi, qui,
éclairé bientôt sur la véritable cause de
leur départ, se hâta de les rappeler, en
s'engageant dorénavant à leur accorder
des fiefs et des dignités dans ses propres
domaines.

On vit alors revenir, à la tête d'excellentes troupes, le comte du Perche, le
vicomte de Béarn et quelques autres seigneurs importants ; ils fondirent sur les
Maures qui, profitant du départ des Français, avaient cru pouvoir saisir cette

occasion pour attaquer les Espagnols, et ne recueillirent de cette tentative que la honte d'être battus.

La mort de la reine Urraque arriva peu de temps après cet événement. En 1126, son fils Alfonse fût proclamé roi de Léon et de Castille, mais depuis longtemps déjà, c'est-à-dire depuis que le concile de Palencia avait annulé son mariage avec la reine Urraque, Alfonse VII avait renoncé au trône de Castille et était resté roi d'Aragon; la mort de dona Urraque amena donc peu de changement dans ses affaires.

Aussi, après avoir vu Léon, les Asturies, la Galice, le royaume de Tolède et la plus grande partie de la Castille soumis à l'autorité d'Alfonse VIII, Alfonse VII porta toute son attention sur les Maures qu'il continua à combattre et à vaincre, et le 13 août de la même année, il leur livra la sanglante bataille dont nous allons dire la cause.

Les chrétiens mozarabes de Grenade s'agitaient à l'idée d'une délivrance prochaine, et tous considéraient le roi Alfonse comme leur futur libérateur ; aussi le grand prince, sollicité de toutes parts d'envahir l'émirat de Grenade, finit-il par se résoudre à tenter l'aventure. Or, avec une hardiesse bien digne de ce roi belliqueux, Alfonse se mit à la tête de quelques milliers d'hommes et marcha droit sur Valence. Son armée s'accrut en route de tous les chrétiens mozarabes ; toutefois, craignant de perdre trop de temps devant Valence, il leva le siège et continua sa route vers Grenade, devant laquelle il arriva suivi de 50,000 hommes ; le gouverneur de la ville avait pris toutes les précautions en cas d'attaque, et il eut été difficile de livrer l'assaut, aussi Alfonse ne le tenta-t-il pas ; désireux d'accomplir le vœu qu'il avait fait de visiter la mer d'Afrique, il se dirigea vers Velez-Malaga ; arrivé près de Lyrena, les Maures l'attaquèrent avec furie et ébranlèrent la confiance de ses troupes. Mais soudain la voix du conquérant se fit entendre, et le son de cette voix suffit pour rallier les plus timides ; la certitude de vaincre semble animer chaque soldat qui fait des prodiges de valeur, et bientôt l'armée chrétienne disperse l'ennemi et le poursuit jusqu'à ce qu'il disparaisse.

Alors Alfonse accomplit son vœu, il monte sur une barque, va pêcher de ses royales mains à Motril et rentre en Aragon couvert de gloire.

Cette expédition est une des plus hardies et des plus aventureuses que l'on connaisse, elle eut un grand effet moral, et montra aux Mozarabes que le temps n'était pas éloigné où le dernier des Maures disparaîtrait de l'Espagne.

Alfonse, qui traitait le roi de Castille, fils de sa femme et de don Raymond, comme un fils, avait été sur le point de voir l'amitié qu'il lui portait détruite à l'occasion de certaines villes dont le jeune Alfonse demandait la remise, et déjà les Espagnols envisageaient avec effroi les terribles conséquences qui pourraient résulter d'une lutte entre ces deux souverains, lorsque, grâce à l'intervention officieuse des prélats et des grands de Castille et de Léon, un accommodément se fit dans des termes tels, que le roi d'Aragon remit de son plein bon vouloir à Alfonse de Castille toutes les places qu'il avait jusqu'alors conservées, et qu'à son tour Alfonse VIII, embrassant avec tendresse celui qui avait été le mari de sa mère, lui promit une amitié inaltérable, que ne parvint pas à troubler un léger différend qui s'éleva entre eux, deux ans plus tard, au sujet de deux places frontières, et qui s'arrangea encore de la façon la plus pacifique.

Peu de temps après, c'est-à-dire en 1130, le duc d'Aquitaine ayant inquiété par ses armes quelques seigneurs voisins, alliés d'Alfonse, celui-ci passa les Pyrénées et vint mettre le siège devant Bayonne dont il s'empara.

Revenu dans ses Etats, Alfonse VII prépara une nouvelle expédition contre les Maures. En 1133, il réduisit Mequinencia, ravagea Lérida et assiégea Fraga ; mais cette dernière place résistait avec opiniâtreté, ce qui obligea le roi à demander aux gentilshommes français, qui l'avaient déjà à plusieurs reprises assisté contre les Musulmans, à venir se joindre à lui.

Une armée considérable fut alors réunie sous son commandement ; mais cette fois, la fortune devait lui être contraire ; de leur côté, les assiégés avaient reçu des renforts considérables, et le 17 juillet 1134, les deux armées, mises en présence, se livrèrent un combat des plus meurtriers. En vain les Chrétiens se battirent comme des lions, et à plusieurs reprises balancèrent la victoire ; accablés par la multitude, ils furent défaits.

L'élite de la noblesse aragonaise fut moissonnée ; les guerriers français perdirent nombre d'eux, et Alfonse lui-même, après avoir vu tomber sept cents de ses gardes, vint expirer au monastère de Saint-Jean de la Pegna.

Alfonse VII fut un grand roi ; le peu de temps qu'il passa sur le trône de Castille et de Léon, suffit pour faire apprécier par ses nouveaux sujets la noblesse de son caractère ; il mérita à juste titre le surnom de *Batailleur*, qui lui fut donné en raison des nombreuses batailles qu'il livra et gagna. Les difficultés qui s'élevèrent entre lui et la reine, l'empêchèrent de se vouer tout entier au bonheur des Castillans; mais on peut dire qu'elles tournèrent au profit de la religion catholique, en ce sens que, ne songeant plus guère à disputer la possession d'une couronne qui revenait de droit à Alfonse Raimondez, par suite de l'annulation de son mariage, il put consacrer toutes ses pensées au grand œuvre de la délivrance de l'Espagne mahométane, et on ne saurait trop remarquer qu'il parvint à reprendre Saragosse, Tudèle, Tarragone, Calatayud, Daroca et presque tout le pays de la partie sud de l'Ebre.

ALFONSE VIII

L'EMPEREUR

ALFONSE VIII L'EMPEREUR

L'histoire de ce roi est indissolublement liée à celle de son prédécesseur, Alfonse VII, que nous avons vu prendre possession des États de Castille et de Léon, comme mari de dona Urraque, en abandonner une partie à la sollicitation et au bénéfice de cette princesse, et enfin se démettre de toutes prétentions à la souveraineté castillane, en faveur d'Alfonse VIII qui, né le 1er mars 1106, fut reconnu en 1108, en qualité de comte souverain de Galice.

Élevé par les soins du comte don Pedro Frolaz de Traba, le jeune prince fut enlevé en 1110, par des seigneurs galiciens, du château de Mino, résidence habituelle du comte don Pedro, afin de le soustraire à l'influence qu'ils redoutaient voir prendre sur lui par son gouverneur. Toutefois, sur les représentations de l'évêque de Saint-Jacques, il fut convenu que l'infant serait remis aux mains de sa mère, après qu'il aurait été sacré roi de Galice, ce qui eut lieu dans l'église de Saint-Jacques, ainsi que la cérémonie du couronnement.

Le roi d'Aragon tenta à son tour de s'emparer de sa personne, mais ce fut sans succès, et en 1116, le nouveau roi fut proclamé dans différentes villes de l'Estramadure, et notamment à Ségovie et à Salamanque, et il reçut le serment de fidélité de tous les seigneurs galiciens.

De même que la reine Urraque s'était opposée à ce que son époux régnât en son nom, de même elle voulut empêcher que son fils exerçât le pouvoir royal, et pendant plusieurs années, on la vit lutter contre les partisans du jeune Alfonse, qui prétendaient n'obéir qu'à lui.

Après plusieurs alternatives de réconciliation et de rupture, une paix générale fut jurée par soixante des principaux seigneurs de l'un et de l'autre parti, qui s'en rendirent mutuellement garants.

Enfin, le jeune roi entra dans Tolède le 16 novembre 1117 et accorda plusieurs priviléges aux habitants ; et à partir de ce moment, il se mit bravement à la tête de ses troupes et guerroya avec le sang-froid et l'habileté d'un capitaine aguerri.

C'est ainsi qu'en 1119 il s'avança vers Soria, qui tenait pour le roi d'Aragon, et reprit cette place ; puis, comme la reine Urraque n'avait pas tardé à élever de nouvelles prétentions contraires à la paix jurée et qu'elle avait fait emprisonner l'archevêque de Compostelle, le jeune roi se vit de nouveau dans la nécessité de se séparer d'elle et de s'armer contre ses partisans.

La mort de cette princesse vint enfin mettre un terme à ces discordes civiles, et aussitôt que le roi en fut averti, il se rendit à Léon, où il convoqua tous les prélats et les

grands du royaume, afin de se faire proclamer.

Cependant, quelques factieux tentèrent
de lui faire une opposition que rien ne moti-
vait; mais l'attitude énergique du jeune souverain triompha de ces légères difficultés, et
plusieurs villes que le roi d'Aragon tenait
sous son sceptre, se révoltèrent contre les
garnisons aragonaises et demandèrent à
rentrer sous l'obéissance de leur roi légitime. Bientôt Alfonse put voir la paix régner
dans ses Etats, surtout après que, grâce à
l'affabilité de ses manières, à la douceur de
son caractère, enclin à la tendresse et à la
bonté, il eut obtenu du roi d'Aragon une
renonciation volontaire à toute espèce de
droits à la souveraineté des villes qui appartenaient à la couronne de Castille et de
Léon.

Après avoir pacifié son royaume, Alfonse
VIII songea à affermir son trône par une
alliance digne de son nom et de son rang, et
lorsqu'il eût atteint sa vingt - deuxième
année, c'est-à-dire en 1128, il épousa dona
Bérengère, fille de don Raymond, comte de

Barcelone, dont la beauté et les vertus répondaient au mérite et aux excellentes qualités du roi, qui l'épousa, à la grande joie de tout son peuple.

Les temps n'étaient plus où l'on considérait l'art de la guerre comme la seule et indispensable occupation des rois ; Alfonse VIII joignait à la valeur militaire particulière à tous les monarques espagnols, de profondes connaissances en politique et en science gouvernementale. A côté du tacticien consommé, du guerrier chevaleresque, il y avait en lui le législateur aux vues droites et élevées.

Frappé des nombreux abus de toute nature qui s'étaient glissés dans les mœurs et les usages de son peuple, à la suite des troubles qui avaient signalé les vingt dernières années écoulés depuis sa naissance, il s'appliqua à en étudier les causes, et il résolut d'y apporter un prompt et énergique remède ; après avoir tout examiné et tout prévu, il fit convoquer un concile à Palencia qui prit de sages dispositions et témoigna de la sollicitude de l'excellent roi pour ses sujets.

Mais quelles que soient les vertus des rois, elles sont souvent sans effet sur certaines natures ennemies de l'ordre social.

Malgré les marques de bonté que le roi prodiguait à son peuple, des ambitieux tentèrent de soulever Palencia ; le comte don Pedro Gonzalès de Lara était à la tête du mouvement. Indigné, le roi se mit à la tête de ses troupes et marcha contre le rebelle, dont le frère, don Rodrigue, osa prendre la défense en se fortifiant dans les montagnes de Santilane. Alfonse, irrité, s'empara de sa personne. Chacun crut que Rodrigue était perdu ; mais le roi magnanime se contenta de l'expatrier, lui et ses partisans. Cet acte de clémence fit tant d'impression sur l'esprit du coupable, qu'il reconnut sa faute et implora un pardon que le grand cœur du roi lui accorda.

Ce trait suffit pour prouver la générosité et la bonté d'âme du monarque.

Nous avons déjà retracé, à propos de l'histoire d'Alfonse VII, les luttes sans cesse provoquées par le désir qu'avait le roi d'Aragon de conserver des places dont la possession était au moins litigieuse. L'esprit de droiture et de conciliation d'Alfonse VIII suffit presque toujours pour éteindre ces brandons de discorde, et les raisons qu'il savait invoquer étaient si simples, ses arguments si logiques, qu'il suffisait de les lui entendre exposer pour être convaincu.

Ennemi des Maures, dont il fut l'adversaire redoutable, il savait allier la magnanimité à la force, et hors du champ de la bataille, le vaincu lui était sacré.

Un certain Zafadola, de la race des anciens émirs de Cordoue, avait appris qu'il devait être assassiné par les Almoravides. Désespérant d'échapper au sort qui était réservé à lui et à tous ceux de sa famille, il préféra se livrer aux mains du roi catholique que de tomber entre celles de ses ennemis ; il vint donc se réfugier auprès d'Alfonse, auquel il offrit ses domaines et dont il se déclara le vassal.

Alfonse, non-seulement l'accueillit avec bonté, mais de plus, il lui donna des terres, des châteaux et des dignités qui lui permirent de vivre à Tolède, comme il convenait à un homme de son rang, et tous les gens qu'il avait amenés avec lui furent l'objet des libéralités du monarque espagnol.

La vie d'Alfonse VIII est pleine de traits de ce genre.

Zafadola fut reconnaissant de la bienveillante hospitalité qu'il avait reçue du roi de Léon, et ayant su que l'émir Texefin Ben Ali préparait une expédition contre Tolède, il en informa le roi qui, assemblant ses troupes, investit la campagne de Cordoue, qui fut complètement saccagée.

Puis, afin de donner aux Musulmans une salutaire leçon, il marcha sur Séville et poursuivit sa marche jusqu'à Cadix. En vain, l'émir Ben Ali voulut s'opposer au ravage qu'il faisait et lui livra bataille, mais au premier choc des deux armées, il fut mis en fuite et contraint de se réfugier dans Séville. Cette déroute fit une telle impression sur l'esprit des Maures, qu'un grand nombre d'entre eux sollicitèrent Zafadola, pour qu'il obtînt d'Alfonse de les admettre au nombre de ses sujets.

Mais à peine le roi d'Aragon venait-il de succomber si malheureusement à la suite de l'attaque de Fraga, que les Maures essayèrent de profiter de cet événement pour attaquer les Chrétiens ; Alfonse VIII continua la guerre commencée par le roi défunt, et il marcha contre eux, recueillant partout sur son passage des témoignages d'admiration ; des villes s'offrirent à lui, le roi, don Ramire, le pria d'accepter celle de Saragosse, et don Garcie lui fit hommage de son royaume de Navarre.

C'était à qui briguerait l'honneur d'être le vassal d'un si puissant monarque, et bientôt, d'un commun accord, tous les grands vassaux et les plus importants personnages des royaumes espagnols, s'entendirent pour proclamer Alfonse VIII empereur d'Espagne.

Cette imposante cérémonie eut lieu dans la cathédrale de Léon, le jour de la Pentecôte, en 1136, et le nouvel empereur reçut la couronne et le sceptre qui l'investissaient de l'autorité suprême, aux cris unanimes de : *Vive l'empereur !*

Il fut ordonné, à la suite de ce couronnement, que tous les peuples seraient gouvernés suivant les même priviléges et les mêmes lois que du temps du roi Alfonse VI, aïeul de l'empereur.

La bonne harmonie qui devait résulter de l'entente des divers souverains espagnols fut promptement troublée par l'ambition du roi de Navarre, qui prétendait exiger de l'empereur la restitution d'une province qu'il disait lui appartenir.

Alfonse VIII, outré de cette audace, entra en Navarre et mit tout à feu et à sang ; puis il revint dans ses Etats pour retourner ensuite en Portugal, afin d'y châtier le roi qui lui avait imprudemment déclaré la guerre.

Mais ces divers soins ne l'empêchèrent pas de songer à l'expédition qu'il méditait contre les Maures, et en 1138, il donna ordre de mettre une grande quantité de troupes sur pied, et prenant ensuite le commandement de l'armée, il marcha vers l'Andalousie et alla mettre le siège devant Coria qu'il ne put prendre ; mais l'année suivante, il se promit de réparer cet échec, et il tint parole en forçant Oreja à capituler.

Cette capitulation fut considérée comme un si remarquable fait d'armes, qu'à son retour à Tolède, une foule énorme l'accueillit par des vivats dont le bruit se mêlait au son des instruments de musique. Il fut reçu comme un triomphateur et acclamé par ses sujets.

La puissance dévolue à l'empereur devait lui attirer des rivalités sans nombre ; aussi les années qui suivirent celle de son couronnement furent-elles signalées par des alliances et des ruptures avec les divers souverains de la Péninsule, qui recherchaient son aide chaque fois qu'ils étaient menacés par quelque danger, et qui se hâtaient de prendre les armes contre lui, dès qu'ils entrevoyaient la possibilité de s'emparer de quelque partie de ses Etats.

Le roi de Portugal le seconda dans ses expéditions contre les musulmans, et après quelques légers différends à l'occasion d'une attaque contre la Galice, les deux potentats conclurent, en 1140, une paix qui fut profitable à tous deux. Le roi de Navarre fit également la même année sa paix avec l'empereur.

L'un et l'autre comprirent qu'ils avaient intérêt à vivre en bonne intelligence avec lui.

Les combats qu'Alfonse livra aux Musulmans furent nombreux et presque toujours couronnés de succès, et ses généraux, choisis avec soin parmi les plus braves officiers de son armée, le secondèrent puissamment dans ses entreprises. L'un d'eux, Muno Alfonse, remporta, en 1143, une victoire éclatante sur les Maures. Plusieurs de leurs chefs et quelques milliers d'hommes perdirent la vie dans cette rencontre, et la même année, l'empereur en personne entra avec ses troupes sur le territoire de Cordoue et y fit des dégâts considérables.

L'année suivante, il reprit Mora sur les

Mahométans et il fut question d'une guerre avec le roi de Navarre; mais les choses s'arrangèrent, et le roi de Navarre, désireux de resserrer les liens qui l'unissaient à l'empereur, épousa sa fille naturelle, dona Urraque, le 24 juin 1144.

A peine ce mariage était-il célébré, que l'empereur se remit en campagne et ravagea l'Andalousie, d'où il revint chargé de richesses de toute nature, pour y retourner en 1146, mettre le siége devant Cordoue, qu'il enleva sans coup férir et qu'il laissa à l'émir, à la condition qu'il la tiendrait de lui à foi et hommage.

Chaque saison est marquée par une conquête. Il semble que l'empereur n'ait qu'à se montrer pour terrifier l'ennemi par sa présence; il prend Calatrava, en attendant qu'une armée navale se réunisse pour enlever Almerie aux Musulmans, et aussitôt cette armée formée avec ses troupes et celles que lui fournissent don Raymond, prince d'Aragon, Guillaume, duc de Montpellier, et les républiques de Gênes et de Pise, il se met à sa tête et va prendre le château de Banos et Cazlona ; il prend Baëza, il prend Almerie, il prend enfin tout ce qu'il assiége ; rien ne résiste à ses armes, rien ne s'oppose à sa valeur héroïque ; il renouvelle les prodiges des temps antiques.

Devant cette rapidité de conquêtes, devant cette suite de victoires, devant cette odyssée splendide, l'historien s'arrête et admire, car sa plume est inhabile à suivre le héros devant lequel les ennemis sont foudroyés, les villes saccagées et les royaumes transformés !

Jaen est mise à sac en 1150, Alarcos, Carazuel, Mestanca et Almodovar ouvrent leurs portes en 1154 ; les places de la Navarre se soumettent à lui en 1156, et en 1157, ce guerrier infatigable met le comble à sa gloire, en gagnant, en Andalousie, une bataille qui se termine par la fuite de ceux des mahométans qui échappent au fer meurtrier des Chrétiens.

Au retour de cette glorieuse expédition, Alfonse se sentit malade, et fut obligé de s'arrêter à Fresneda ; soudain, le mal empira, et le 21 août 1157, l'empereur d'Espagne rendait son âme à Dieu, après avoir consacré toute sa vie à la défense de son saint nom.

Cette mort fut plus qu'un événement, ce fut une catastrophe dont toute l'Espagne ressentit le contre-coup.

Les regrets furent unanimes, les Mahométans seuls s'en réjouirent ; elle les délivrait du plus vaillant ennemi qu'ils avaient eu jusqu'alors à combattre.

Par son testament, l'empereur avait partagé son royaume entre ses deux fils, don Sanche et don Ferdinand ; au premier échéait le trône de Léon, au second, celui de Castille.

Nous avons passé avec rapidité sur les détails de ce règne si remarquable, pour mieux en embrasser l'ensemble.

Alfonse VIII fut l'un des rois les plus accomplis de la Péninsule, l'équité fut sa principale vertu, et tout en conservant aux grands du royaume les priviléges et la suprématie du rang, il étendit sa protection aux plus humbles de ses sujets, qui trouvèrent sans cesse en lui des dispositions bienveillantes à leur égard.

Aussi était-il l'idole de la nation, et le grand renom qu'il s'acquit, le titre d'empereur qu'il porta si noblement, flattaient infiniment le peuple espagnol, qui voyait avec joie son roi personnifier la majesté souveraine dans toute sa force et sa splendeur.

Il comptait les rois de Navarre et d'Aragon au nombre de ses vassaux ; sa domination s'étendait sur un vaste territoire.

Quel peuple n'eût pas été fier d'être gouverné par un tel monarque ! Sa foi était vive, profondément enracinée en son esprit et dans son cœur, et l'Eglise le compta au nombre de ses bienfaiteurs.

On ne saurait trop insister sur ce point : à savoir que l'Espagne ne dut sa grande prospérité et son importance exceptionnelle qu'à l'initiative de ses rois, et les

Alfonse qui se léguèrent la mission providentielle de la délivrer de l'islamisme, doivent être considérés comme les pionniers de ce magnifique avenir dont Alfonse VIII semblait deviner l'aurore et pressentir l'éclat.

ALFONSE IX

LE NOBLE

ALPHONSE IX LE NOBLE

Le 31 août 1158 mourut don Sanche, roi de Castille. Son fils, Alfonse, petit-fils d'Alfonse VIII, âgé de 3 ans, fut proclamé roi sous la régence de don Gutiere de Castro ; mais comme le choix de ce régent, qu'avait fait don Sanche par son testament, excita la jalousie parmi quelques seigneurs du royaume, don Gutiere se démit de cette dignité en faveur de don Garcie d'Aza, de la famille des comtes de Lara, qui convoitaient le pouvoir.

Toutefois, cette disposition, qui précéda de peu la mort de don Gutiere, fut suivie de troubles engendrés à son sujet. Ferdinand, roi de Léon, oncle du jeune Alfonse, désireux d'y mettre fin, entra en Castille pour y prendre cette tutelle ; mais il se trouva alors en lutte ouverte avec les comtes de Lara, et tant que la dura la minorité du roi, la Castille fut en proie à l'ambition de ceux qui désiraient gouverner en son nom.

Aussi, dès que ce prince fut en âge d'être marié, les Castillans le sollicitèrent-ils de se choisir une épouse et de prendre les rênes de l'Etat ; et en 1170, Alfonse IX associa à son trône la princesse Eléonor, fille d'Henri II, roi d'Angleterre, et de la duchesse d'Aquitaine.

Cette alliance, célébrée à Tarragone, fut accueillie avec joie par la nation, et des fêtes brillantes la signalèrent. L'année suivante, la naissance d'une fille, l'infante dona Bérengère, vint cimenter l'union royale.

Déjà, le jeune roi avait donné des preuves de sa valeur ; il ne tarda pas à se distinguer brillamment, en combattant contre le roi de Navarre, qui était venu fondre à l'improviste sur les Etats du roi d'Aragon, allié d'Alfonse qui, animé des sentiments les plus généreux et les plus chevaleresques, n'avait pu être témoin de cette agression sans offrir aussitôt au souverain menacé l'appui de son bras ; il entra en Navarre par Logrono et s'avança jusqu'à Pampelune, et assiégea Granon, qu'il obligea de se rendre. Nombre de villes tombèrent en son pouvoir, et les succès du jeune roi effrayèrent tellement les Navarrois et les Aragonais, que les Etats s'entendirent pour provoquer un congrès en Angleterre, en priant le roi Henri de se prononcer sur les prétentions des parties belligérantes.

Une convention fut signée, et par ce fait, les hostilités cessèrent ; mais alors, Alfonse IX, qui avait fait preuve d'une grande aptitude dans le métier des armes, voulut que ses qualités militaires tournassent au profit de la Religion, et il se disposa à faire la guerre aux Maures. Après avoir obtenu du roi d'Aragon qu'il se joignit à lui dans l'expédition qu'il projetait, il ouvrit la campagne en 1177, en allant mettre le siége devant Cuença, qui fut défendue avec opiniâtreté, mais quelle que fût l'ardeur dont les Maures étaient animés, elle était impuissante devant la volonté ferme qu'avait Alfonse de s'emparer de cette place.

En vain l'ennemi tenta de la dégager en essayant d'inquiéter Tolède ; en vain de nombreuses troupes furent opposéès aux troupes castillanes, tout fut inutile. Cuença fut obligé de se rendre le 21 septembre, et la seule concession que les assiégés obtinrent de la générosité du vainqueur, fut de pouvoir sortir libres de la place.

Ce fut en raison de l'aide qu'Alfonse avait reçue du roi d'Aragon dans cette guerre, qu'il releva celui-ci de l'hommage qu'il lui devait pour la ville de Saragosse.

Grâce à la paix intérieure que ce sage monarque sut établir dans ses Etats, il put donner suite à ses projets de lutte avec les Maures et, en 1182, il conduisit de nouvelles troupes contre eux ; après s'être rendu maître de Sietfila, il revint en Castille, chargé des dépouilles de l'ennemi, pour retourner l'année suivante dans le royaume de Murcie, qu'il ravagea ; puis il alla assiéger Alarcon, dont il se rendit maître, afin de s'assurer la tranquille possession de Cuença, dont il avait résolu de faire le siège d'un évêché.

De pareils succès étaient bien faits pour enflammer l'ardeur belliqueuse du roi de Castille, dont le nom commençait à répandre la terreur dans toute l'Espagne mauresque; aussi, tout entier à son désir de consacrer sa vie à la noble tâche de travailler à la délivrance de cette partie de la Péninsule ibérique, ce valeureux monarque alla, en 1185, assiéger et prendre Truxillo et Medellin, et il fallut que les Mahométans rassemblassent toutes les forces dont ils pouvaient disposer, pour parvenir à opposer une certaine résistance au roi chrétien qui, un moment accablé par le nombre des ennemis qui se levaient de toutes parts pour le combattre, se promit de triompher quand même, et se couvrit de gloire, en enlevant la ville d'Inieste et celle de Reyna, en pénétrant dans l'Estramadure, et enfin en saccageant tout le territoire de Séville.

Ce grand roi savait que les conquêtes territoriales n'ont de valeur qu'autant qu'elles peuvent être fructueuses pour le pays, et c'est pour cela que, suivant l'exemple de ses illustres ancêtres, il ne négligeait aucun soin pour introduire des éléments nouveaux parmi la population des villes qu'il soumettait à son autorité, ou pour fonder de nouveaux centres de civilisation là où son épée avait marqué la place d'une cité nouvelle.

Ce fut ainsi qu'il érigea en siège épiscopal la ville de Palencia, et que toutes celles conquises furent peuplées de catholiques et dotées d'églises qui se substituaient aux mosquées.

Les faits d'armes d'Alfonse IX sont nombreux, et l'histoire a peine à le suivre dans ses incessantes excursions contre les mahométans, qui trouvèrent en lui, comme en tous les Alfonse, un adversaire redoutable, dont ils apprirent à leurs dépens à connaître la valeur.

Méprisant le danger et ne songeant qu'à la grandeur de la mission qu'il s'était donnée de combattre sans trêve ni merci les ennemis de la Religion, il aimait à marcher à la tête de ses armées qu'il savait conduire à la victoire et, choisissant avec une extrême sagacité les hommes qu'il appelait à l'insigne honneur de diriger certaines expéditions, il semblait leur avoir appris à vaincre.

Ce fut ainsi qu'en 1194, l'archevêque de Tolède, don Martin de Puiserga, qu'il avait envoyé en Andalousie, revint chargé de gloire et de butin.

Le roi de Maroc comprit que tant de défaites essuyées par les Maures achèveraient sous peu de leur faire perdre le pays qu'ils conservaient en Espagne, et il se décida à tenter un coup décisif; il appela sous ses étendards toutes les troupes africaines qu'il put assembler, ordonna une levée générale en Espagne et se dirigea vers Tolède, à la tête d'une armée formidable.

Alfonse avait eu le soin, de son côté, d'appeler à son aide les rois de Léon et de Navarre ; mais, entraîné par son courage héroïque, et enflammé de colère en voyant l'audace du roi de Maroc, il s'avança avec ses seules troupes castillanes contre les forces mauresques et malgré des efforts surhumains, il fut obligé de céder devant le nombre et de se retirer à Tolède.

Malheureusement, au lieu de l'assister dans cette circonstance, les rois de Léon et de Navarre profitèrent de son insuccès pour fondre à leur tour sur ses Etats ; mais le valeureux Castillan montra que, loin de l'avoir abattu, cet événement ne faisait qu'exalter son courage ; il pourvut à la défense du royaume de Tolède en le garnissant de troupes suffisantes, et suivi de ses soldats aguerris, il fit à son tour une irruption dans les Etats du roi de Léon, qu'il mit à feu et à sang et ne rentra dans son royaume qu'après avoir tiré une éclante vengeance du procédé dont il avait à se plaindre.

Puis, avec cette merveilleuse dextérité qu'il déployait au besoin, il harcela si bien les Maures qui se réjouissaient de leur triomphe, qu'il les obligea à quitter le pays, et que Jacob Aben-Youssuf, qui les commandait, jugea à propos de regagner Murcie au plus vite.

Pendant ce temps, le roi de Léon songeait à reprendre l'offensive, et la guerre menaçait de prendre des proportions fatales aux deux pays catholiques ; aussi les prélats et les grands des deux royaumes s'interposèrent à l'effet de négocier une réconciliation entre deux princes faits pour combattre en alliés et non en ennemis.

Tous deux comprirent qu'en unissant leurs efforts, les Maures avaient tout à redouter d'eux, tandis qu'en restant divisés, ils couraient le risque d'affaiblir mutuellement leurs forces contre l'ennemi commun, et ils finirent par conclure une paix qui fut regardée comme un bienfait, et afin de mieux la cimenter, il fut convenu que le roi Alfonse de Léon épouserait dona Bérengère, fille du roi de Castille.

Ce mariage, qui satisfaisait les uns et les autres, fut célébré à Valladolid, au milieu d'une joie générale, en 1197.

Les vertus, la grâce et les aimables qualités de la princesse Bérengère semblaient être les heureux augures d'une paix durable entre les deux souverains.

Quant à l'empereur du Maroc, qui ne s'illusionnait en aucune façon sur la portée du succès éphémère qu'il avait remporté sur le roi de Castille, il préféra apaiser sa colère que de s'attirer quelque terrible revanche, et il lui envoya des ambassadeurs pour lui demander une trêve qu'Alfonse voulut bien lui accorder.

Nous avons dit tout à l'heure que le mariage de la princesse Bérengère, fille d'Alfonse, avec le roi de Léon, semblait promettre d'heureux résultats ; malheureusement, S. S. le pape Innocent III s'éleva contre cette union, en raison de ce que les époux étaient parents au second et au troisième degré, et, après de longs débats et malgré tous les efforts tentés par eux et par le roi de Castille, ils se virent dans l'obligation de divorcer, après toutefois que la légitimité de leurs enfants fût reconnue péremptoirement, ce qui permit à l'un d'eux de devenir l'un des plus grands rois que l'Espagne vénère sous le nom de saint Ferdinand. Ce divorce fut la cause de bien des troubles.

Mais revenons à Alfonse IX.

Ce prince se vit de nouveau dans la nécessité de déclarer la guerre au roi de Navarre qui, séduit, disait-on, par les fausses promesses de Ben Youssouf, était passé au Maroc, dans le dessein d'y épouser la fille du souverain mahométan.

Aidé du roi de Léon, il entra en Navarre, prit Miranda et vint assiéger Victoria, qui capitula.

Ce fut à la suite de cette campagne que les provinces d'Alava, de Biscaye et de Guipuscoa furent incorporées à la couronne de Castille.

Le roi de Navarre quitta le Maroc pour rentrer dans ses États, ce qui allait occasionner un nouveau conflit entre les rois de Castille, de Léon et lui; mais grâce à l'intercession du souverain pontife, une trêve de trois ans fut consentie entre eux.

A peu près vers la même époque, c'est-à-dire en 1203, le roi de Castille intervint en faveur de la France dans la guerre qui existait entre Philippe-Auguste et Jean sans Terre, à l'occasion de la province d'Aquitaine, qui rendait ce dernier vassal de Philippe-Auguste. Le roi de France n'ayant pu obtenir satisfaction du monarque anglais, sollicita Alfonse de lui prêter son aide, et Alfonse, entrant en Aquitaine, en chassa les Anglais.

Le divorce du roi de Léon et de Bérengère avait nécessité la reddition de certaines places apportées à son époux par la reine ; des différends qui s'élevèrent à ce sujet, allumèrent de nouveau la guerre entre les deux royaumes ; des excursions réciproques eurent lieu, et il fallut que le saint-siège intervînt encore pour rétablir la bonne harmonie entre les deux royaumes.

En paix avec ses voisins, Alfonse tourna de nouveau ses armes contre les infidèles, et au printemps de 1211, il fit une irruption dans les Etats mahométans où il se rendit maître de Xorquera, de Cueba et d'Alcala.

Mais le roi de Maroc mit une armée sur pied et vint assiéger Sauveterre, ce qui détermina Alfonse à renforcer son armée pour aller, l'année suivante, livrer une bataille décisive à Mahomet, qui commençait à prendre l'offensive avec succès.

Malheureusement, la mort de l'infant don Ferdinand, son fils, vint cruellement l'éprouver ; mais ce grand roi avait une âme fortement trempée, et comme il plaçait toujours le bonheur du pays au-dessus du sien propre, il fit taire sa douleur, cacha ses larmes, et ne songea qu'au moyen de triompher de ses ennemis en formant une croisade ; il sollicita et obtint du pape des indulgences pour ceux qui prendraient part à cette guerre sainte, à laquelle furent conviés tous les princes chrétiens.

Cette magnifique expédition est celle qui illustra le plus le règne d'Alfonse ; elle fut conduite avec une rare habileté et couronnée du plus beau triomphe.

Un rendez-vous général avait été pris à Tolède pour de là marcher contre les Maures, et bientôt la ville regorgea de troupes venues de tous les points de la chrétienté. Des prières publiques furent faites à Rome pour attirer la bénédiction du Ciel sur les armes chrétiennes, et le 20 juin 1212, la formidable armée se mit en campagne pour aller combattre 300,000 mahométans.

C'était un duel à outrance qu'allait livrer le christianisme à l'islamisme. Depuis longtemps, le roi Alfonse souffrait de voir que le fruit des victoires remportées chaque année par les armes espagnoles était sans cesse amoindri par les avantages partiels des Mahométans; mais jusqu'alors, il avait retardé l'exécution du projet qu'il nourrissait, de frapper un grand coup, ne voulant pas compromettre le succès de l'entreprise par une précipitation dangereuse. L'événement prouva la justesse de ses prévisions.

La célèbre bataille de Tolose restera comme l'un des faits d'armes les plus magnifiques du xiiie siècle.

Gagnée par le roi Alfonse, elle eut un retentissement universel. Deux cent mille maures restèrent sur le champ de bataille, et la victoire doit en être personnellement attribuée au roi de Castille qui, voyant un instant les troupes faiblir, se jeta intrépidement au milieu des rangs ennemis en s'écriant qu'une mort glorieuse était le seul parti qui lui restait à prendre.

Cet exemple d'héroïsme suffit pour électriser les soldats qui, animés d'un courage tout nouveau, se rallient, s'élancent en avant et enfoncent les masses vivantes qui veulent en vain leur opposer une résistance désormais inutile.

Ce fut à l'issue de cette mémorable bataille que le roi de Navarre prit dans ses armoiries des chaînes, qui rappellent celles qu'il rompit et qui entouraient le centre de l'armée mauresque au milieu de laquelle se tenait Mahomet, un sabre d'une main et l'Alcoran de l'autre.

La rentrée des rois de Castille et de Navarre à Tolède, fut un triomphe auquel s'associa l'universalité d'une population enthousiasmée.

Chacun comprenait que l'heure de l'entière délivrance de l'Espagne allait sonner, et que ce serait à la glorieuse initiative d'Alfonse IX qu'on la devrait. Car le héros castillan ne se borna pas à attendre pacifiquement les fruits de sa victoire, il voulut continuer à vaincre sans relâche, et on le vit, au printemps de 1213, se remettre en campagne et, par de nouvelles conquêtes, entre autres celles de Castel de Rios, d'Abenyor, de Riopar et d'Alcaraz, achever de montrer aux Musulmans stupéfaits la force invincible de ses armes.

Si le Ciel eut prolongé ses jours de quelques années encore, il eut pu se faire que l'Espagne lui eût dû le renvoi du dernier des Maures; mais malheureusement, la mort vint briser sa glorieuse carrière, peu de temps après la fameuse journée de Tolose; une fièvre maligne enleva ce grand roi à l'affection de son peuple, le 5 août 1214.

La plume ne saurait dépeindre la profondeur de l'affliction qui éclata de toutes parts à la nouvelle de cette mort.

Ses obsèques furent dignes des regrets qu'il emporta.

Alfonse fut un roi véritablement chevaleresque; brave comme son épée, gentilhomme par nature, esclave de sa parole et poussant la délicatesse jusqu'au scrupule, il mérita la qualification de *noble*. Erudit, savant, il eut pour lui toutes les noblesses, celle des sentiments et celles du goût et de l'esprit.

Que dire de ses vertus ? Il les possédait toutes.

Alfonse, de son mariage avec la reine Eléonor, eut pour enfants don Sanche, don Ferdinand, qui mourut en allant combattre les Maures ; dona Bérengère, qui épousa le roi de Léon ; dona Blanche, qui épousa Louis VIII et qui fut mère de saint Louis, et don Henri.

Ce fut ce grand prince qui fonda l'université de Palencia, dans le but d'empêcher ses sujets d'être obligés de sortir de ses Etats pour aller étudier les lettres et les sciences en pays étranger.

Mais une autre fondation, qui a ajouté un grand éclat au rayonnement de son règne, fut celle de l'ordre militaire de Calatrava.

Cet ordre célèbre, qui devait traverser les siècles et conserver jusqu'à nos jours un éclat que le temps et les événements ne purent altérer, fut créé en 1158, par deux moines de l'abbaye de Citeaux qui se présentèrent à Alfonse pour défendre la ville de Calatrava contre les Maures ; grâce à leur zèle prodigieux, ils exhortèrent la noblesse à se joindre à eux et la ville fut sauvée.

Ce fut alors que le roi de Castille donna Calatrava et ses dépendances aux religieux, qui se constituèrent en ordre militaire et hospitalier dont la grande maîtrise fut incorporée plus tard à perpétuité à la couronne de Castille.

ALFONSE X

LE SAGE

ALFONSE X LE SAGE

Fils et successeur du grand roi saint Ferdinand, Alfonse monta sur le trône de Castille et de Léon en 1252.

Séville était enfin retournée à l'Espagne chrétienne et l'émir de Grenade s'était déclaré vassal et tributaire du roi de Castille ; l'union définitive des royaumes de Castille et de Léon avait ouvert à l'Espagne une ère de prospérité et de grandeur que devait féconder le règne d'Alfonse X, glorieux pour le pays et pour la religion, qui trouvèrent en lui un monarque sage, pieux, éclairé, qui fit du bonheur de son peuple l'étude et le soin de toute sa vie.

Aussitôt en possession de sa couronne, Alfonse X songea à poursuivre le projet qu'avait formé saint Ferdinand, de s'emparer des capitales de Fez et de Maroc, et de grands préparatifs furent faits en vue de cette expédition qu'il fut obligé d'abandonner, par suite de graves événements qui surgirent inopinément; ce fut d'abord la revendication de la Gascogne, qui avait été donnée en dot à Alfonse IX et dont les Anglais s'étaient emparés ; cette réclamation se termina par un accord qui intervint entre Henri III, roi d'Angleterre et Alfonse, qui donna sa sœur Eléonor en mariage à Edouard, fils du roi d'Angleterre, tandis qu'un des infants d'Alfonse épousa Béatrix, également fille d'Henri. La Gascogne, objet du litige, retourna donc à l'Angleterre comme dot d'Eléonor.

Cette affaire terminée, Alfonse dut s'armer contre le roi de Portugal qui, désireux d'agrandir ses Etats, avait fait irruption dans les environs de Niebla, appartenant à Mahomet, feudataire d'Alfonse.

Le roi de Castille punit cette agression en enlevant plusieurs places dans les Algarves ; mais encore une fois, une alliance mit fin à cette discorde ; le roi de Portugal épousa une fille naturelle d'Alfonse et la paix se rétablit ; mais de nouvelles complications empêchèrent de rechef le monarque castillan de porter ses armes en Afrique.

Il s'agissait pour lui de faire valoir ses droits sur le duché de Souabe, qu'il tenait du chef de sa mère, Béatrix, et comme l'empereur d'Allemagne, Guillaume, venait de mourir, il posa sa candidature au trône impérial et fut élu par l'électeur de Trêves, le roi de Bohême, le duc de Saxe et le marquis de Brandebourg, tandis que l'électeur de Cologne et le palatin dissident, élirent de leur côté, Richard de Cornouailles, frère du roi d'Angleterre.

Cette double élection devait fatalement amener des contestations et des luttes qui soulevèrent une partie de l'Europe.

Alfonse ne pouvait faire différemment

que de soutenir ses droits au trône impérial, fût-ce même par les armes. Aussi se disposat-il à passer en Italie, où il savait trouver des appuis ; mais il était dit que ce prince verrait sans cesse ses projets entravés par des difficultés, et comme sa grande prudence l'empêchait de rien livrer au hasard, il préféra ajourner son entreprise que de s'exposer à la voir avorter par une précipitation irréfléchie.

Son frère, l'infant don Henri ; méconnaissant l'autorité souveraine, se révolta contre lui, après avoir contracté une alliance avec Aben Mafon, roi de Niébla.

Alfonse les vainquit tous deux, l'infant fut obligé d'aller se réfugier auprès du bey de Tunis, et le roi de Niébla, détrôné, vit ses Etats réunis à la couronne de Castille.

Il y eut deux personnages bien distincts en la personne d'Alfonse X : le guerrier plein de valeur et d'intrépidité, et le savant législateur ; nous allons esquisser à grands traits le premier, nous dirons ensuite quel lustre ses lumières projetèrent sur l'Espagne qui, sous sa bienfaisante influence, devint un centre de rayonnement intellectuel.

Les Maures, reprenant courage au fur et à mesure que le temps se passait sans amener d'agression de la part du monarque castillan, s'imaginèrent que le moment était venu de ressaisir un peu de leur puissance évanouie, et à plusieurs reprises, ils tentèrent de faire irruption en Castille, notamment en 1262, où ils commirent des dégâts assez considérables.

Mais les rois d'Espagne sont des lions dont il est toujours dangereux d'interrompre le sommeil. Alfonse, irrité de cet excès d'audace, assembla ses troupes, et, tombant comme la foudre sur les Maures, il les extermina, reprit toutes les places dont ils s'étaient emparés par surprise, et, aidé du roi d'Aragon, qui s'était rendu maître, en son nom, de la ville de Murcie, il acheva de soumettre ces barbares et les chassa du territoire.

Bien qu'absorbé par les soins de la guerre qu'il faisait aux Maures, Alfonse n'avait pas abandonné ses droits à l'empire, et des ambassadeurs avaient été envoyés par lui à Rome, à l'effet d'exposer au saint-père la justice de ses prétentions ; toutefois, l'affaire traîna en longueur, et la cour de Rome ne s'était pas encore prononcée lorsque arriva la mort de Richard, le compétiteur d'Alfonse au trône d'Allemagne. Toutefois, cette mort, qui eût dû servir les intérêts du monarque castillan, ne fit que provoquer une nouvelle élection qui eût pour résultat d'élever à l'empire, Rodolphe, duc d'Hapsbourg, qui devint le chef de la puissante maison d'Autriche.

Or, tandis que ces événements se passaient au dehors, une ligue de mécontents s'étaient formée en Castille, au profit de l'infant don Philippe, autre frère du roi, qui ne songeait à rien moins qu'à s'emparer du trône ; les illustres maisons de Lara, de Haro, de Castro et de Mendoza étaient à la tête de ce parti, commandé par l'infant et formé sous prétexte du bien public, dans le but prétendu de dégrever le peuple des impôts, excessifs selon lui, qu'il payait.

Le roi de Castille eût pu user de sévérité envers les rebelles, mais comme ce prince, plein de bienveillance et de bonté, ne voulait pas qu'on pût le soupçonner d'avoir répondu à une réclamation par l'emploi de la force, il daigna proposer aux mécontents de soumettre leurs griefs aux Etats qui auraient à se prononcer sur leur plus ou moins de fondement.

Mais ce n'était pas ce que voulaient ceux-ci, qui ne cherchaient que le moyen d'agiter le pays; ils refusèrent donc de comparaître devant les Etats, et le roi dut les exiler de la Castille. Ils se réfugièrent en Grenade, et après quelques incursions sans résultat, la plupart d'entre eux sollicitèrent un pardon qui leur fut paternellement accordé, et l'un d'eux, Nugnez de Lara, voulant faire oublier sa rebellion, mourut noblement en défendant, pour le roi, la ville d'Ecira contre le roi de Maroc qui, ligué avec celui de Grenade, était entré à la tête de dix-sept mille cavaliers d'élite dans les Etats castillans.

A la suite de cette affaire, Ben Yussouf passa en Andalousie et ravagea le royaume de Jaen où l'armée chrétienne allait être anéantie, sans l'arrivée de don Lopez de Haro, qui, suivi d'un corps de troupes aguerries, la sauva d'un désastre et fut assez heureux pour ressaisir la croix de l'archevêque de Tolède, dont les infidèles s'étaient emparés après avoir tué le prélat, infant d'Espagne.

Ce fut dans cette fatale rencontre que don Ferdinand, infant et régent de Castille, perdit la vie en volant au secours des siens. C'était le fils aîné d'Alfonse; le roi ressentit une profonde douleur de cette perte, dont l'effet fut d'éveiller l'ambition de son frère, don Sanche, qui prétendit succéder à son frère, au détriment des enfants de don Ferdinand.

Alfonse, cependant, ne songeait nullement à abdiquer en faveur de don Sanche, mais absent de son royaume, il ignorait les menées qui s'y tramaient; lorsqu'il y revint, après un court séjour en France, où il avait eu une entrevue avec le souverain pontife, il y trouva les esprits soumis à l'ascendant qu'avait su exercer don Sanche.

Les principaux seigneurs se rendirent

auprès d'Alfonse, et le prièrent de reconnaître les droits de don Sanche à la succession
au trône, et les Etats de Ségovie, assemblés
à cet effet, reconnurent ce droit qu'Alfonse
ratifia.

Profitant de ces débats, les Maures n'é-
taient pas inactifs, et le roi de Castille se
résolut à faire le siège d'Algésiras, mais mal
secondé dans ses efforts, il dut abandonner
le siège et songer aux préparatifs d'une
guerre avec la France en même temps qu'il
allait avoir à combattre le roi de Grenade.

Il fallait à Alfonse toute la sagesse et
la prudence dont il fit preuve dans les circonstances les plus difficiles, pour sortir de
tous ces embarras, augmentés encore par
l'ambition de don Sanche qui, toujours im-
patient de régner, se ligua avec les rois de
Portugal et d'Aragon et convoqua à Valladolid, les Etats qui lui décernèrent le titre
d'héritier et régent de Castille.

Alfonse, irrité de la conduite de son fils,
protesta contre tout ce qui avait été fait et
s'adressa au saint-père qui, en 1283, déclara
nuls tous les serments qui avaient pu être

prêtés à don Sanche, qu'Alfonse déshérita par un acte public.

Cependant, don Sanche ayant manifesté quelque repentir et exprimé le désir de rentrer en grâce auprès de son père, le roi de Castille, dont le cœur était toujours disposé à la mansuétude, lui pardonna et mourut quelques jours plus tard, après avoir révoqué la malédiction dont il avait chargé son fils.

La vie de ce monarque fut, on le voit, continuellement troublée par une politique tracassière qui lui suscitait chaque jour de nouveaux embarras, 'et on a peine à comprendre qu'au milieu des soucis qui l'assiégeaient, il eût pu donner à l'étude des sciences et des lettres tant d'assiduité et de veilles, car son savoir fut extraordinaire, et il se distingua dans toutes les branches des connaissances humaines.

Il s'adonna d'abord avec persistance à l'étude des lettres et à celle de l'astronomie, dans laquelle il ne tarda pas à se distinguer d'une façon toute spéciale, et ses *Tables astronomiques,* qu'on désigne sous le nom de

Tables alfonsines, ont fait l'admiration de tous les savants, ainsi que son livre des *Astragales*.

La littérature sacrée lui était familière, et ses *Hymnes à la Vierge*, qu'il mit lui-même en musique, l'attestent.

Sa vaste intelligence embrassait tout. Connaissant à fond tous les textes de la jurisprudence, il les refondit et dota l'Espagne de son plus beau monument législatif : le Code *de las siete Partidas* (des sept parties), qui résume tous les *fueros* ou chartes locales, et peut être considéré comme le recueil le plus complet des lois espagnoles.

Ce magnifique travail, le plus merveilleux qui soit sorti de la plume d'un souverain, a été imprimé pour la première fois à Séville, en 1491, et notre siècle a vu encore se produire de nouvelles éditions de cette œuvre impérissable.

On a aussi de ce prince, écrivain illustre, la célèbre *Cronica Espana*, qui a servi de flambeau au milieu de l'obscurité des temps anciens, et dont chaque ligne est un document précieux pour l'historien.

Et comme si ce n'était pas assez de tout ce labeur, qui suffirait pour remplir l'existence d'un homme, le bon roi Alfonse IX s'occupait encore d'alchimie, et travaillait au grand œuvre, avec l'énergie et l'inflexible volonté d'un chercheur infatigable.

Grand mathématicien, penseur, astronome, chimiste, législateur, il fut aussi poëte ; ses compositions sont marquées au coin du génie ; on y retrouve cette foi simple, naïve, profonde, cette tendre mélancolie qui décèle le vrai poëte, et on s'émeut à la lecture de son *Livre des Complaintes*, dans lequel s'exhale, en stances dactyliques, le chagrin que lui faisait éprouver l'ingratitude de don Sanche.

Mais ses travaux de prédilection durent être ceux qui avaient pour but le bien-être de ses sujets, car on le voit, pour donner un plus grand développement à l'université de Salamanque, fonder neuf chaires d'enseignement, et dans le but de faciliter à ses sujets l'interprétation des institutions castillanes, il prescrit l'usage de la langue romane dans les actes publics.

Il règle l'ordre de la succession au trône.

Il interroge tous les besoins de son peuple; il répond à tout, prévient tout, et c'est quand, absorbé par ce soin excessif, dominé par l'affection profonde qu'il porte à ce peuple qu'il aime, il ne songe qu'à assurer sa tranquillité et son bonheur dans l'avenir, qu'on l'accuse de l'accabler d'impôts !

Mais la postérité a fait justice de cette accusation, comme elle a su glorifier le grand monarque qui fut un modèle de science, de loyauté et de sagesse, et qui était en avance de plusieurs siècles sur son époque, tant sous le rapport de ses sentiments désintéressés, que sous celui des grandes connaissances qui eussent fait de lui le plus grand homme de la Castille s'il n'en eut déjà été le chef.

Ce monarque, regrettable à tant de titres, mourut le 4 avril 1284, laissant de dona Yolande, sa femme, quatre fils, don Sanche qui lui succéda, don Juan, don Pedro et don Jayme.

ALFONSE XI

LE VENGEUR

ALFONSE XI LE VENGEUR

De tous les princes qui succédèrent à Ferdinand le Saint, Alfonse XI est sans contredit celui qui excite le plus d'admiration.

Il naquit à Salamanque, le 13 août 1310, du roi Ferdinand et de la reine Constance, sa femme, et fut proclamé roi en 1312.

Il était à craindre que le choix de ceux qui devaient être chargés de sa tutelle et de la régence du royaume n'occasionnât des troubles ; ce fut ce qui arriva. Toutefois, la régence ayant été partagée entre les infants

don Pedro et don Juan, la reine dona Marie
fut chargée de l'éducation du jeune roi, son
petit-fils ; mais la mort de don Juan, l'un
des princes régents, fit naître des ambitions
qui amenèrent des dissensions fâcheuses, et
touché des maux que ces discussions engen-
draient en Castille, Alfonse, dès l'âge de
quatorze ans, essaya d'y mettre un terme, et
lorsqu'il fut entré dans sa quinzième année,
il assembla les Etats à Valladolid, à
l'effet de prendre le gouvernement de son
royaume.

Son premier soin, dès qu'il fut roi, fut
de purger la Castille des bandits qui infes-
taient les routes, et de pacifier le pays,
constamment agité par les intrigues de don
Juan le Contrefait, qui s'était résigné avec
peine à renoncer au pouvoir qu'il espérait
exercer après la mort de son père, le régent
don Juan.

En vain Alfonse essaya-t-il de gagner
Juan le Contrefait par la douceur, en le
comblant de biens et d'honneurs, en vain
s'y prit-il de toutes les façons pour le satis-
faire, tout fut inutile : dévoré d'ambition,

don Juan ne sut que conspirer contre l'autorité royale, ce que voyant, le roi fut contraint d'employer les moyens violents pour assurer la tranquillité du pays, et don Juan fut mis à mort par son ordre. Cet acte de sévérité fut jugé diversement par ses contemporains ; mais pour le plus grand nombre, il fut considéré comme d'un heureux augure, en ce sens qu'il montrait que le jeune roi saurait faire respecter son autorité et châtier d'une façon exemplaire quiconque aurait l'audace de se révolter.

Toutes les places qui tenaient pour don Juan se soumirent, et bientôt Alfonse put réaliser le vif désir qu'il avait de tourner ses armes contre les Maures de Grenade ; au printemps de 1327, il passa en Andalousie, où il fut reçu avec des transports d'allégresse qui montrèrent l'enthousiasme de la population pour son roi.

Alfonse alla attaquer la ville d'Olbera qu'il força à capituler, et s'empara ensuite de plusieurs autres places qui ne purent résister à la valeur de ses armes.

Or, pendant ce temps, don Juan-Emmanuel, qui avait aussi exercé la régence et qui depuis n'avait cessé d'être hostile au roi, se fiant au nombre de ses vassaux et au parti qu'il croyait avoir en Castille, leva l'étendard de la révolte, et, après avoir reçu d'importants secours du roi d'Aragon, il assembla toutes les forces dont il pouvait disposer, et vint ravager les frontières de la Castille.

Mais Alfonse XI veillait; ce roi valeureux ne permettait pas qu'on le bravât impunément, et marchant droit aux rebelles avec ce courage et cette témérité chevaleresque qui plaisaient tant en lui, il les défit.

Bientôt Zamora et Toro furent réduites, et Valladolid, qui s'était soulevée, allait être démantelée lorsqu'elle se soumit; le comte don Alvaro Nunez Osorio, ayant osé résister au roi, paya de sa vie sa rébellion. Ces exemples salutaires affermirent l'autorité royale qui, en des mains débiles, eût perdu toute sa force et son indépendance.

Ce fut à l'issue de cet événement que

le roi Alfonse XI se maria avec dona Marie, infante de Portugal, en 1328, et aussitôt après, il annonça aux Etats-Généraux son intention de faire une guerre acharnée au roi de Grenade, afin de le réduire complétement et d'arriver à reconquérir Grenade. Dans cette circonstance, le beau caractère d'Alfonse apparut dans toute sa splendeur. Reconnaissant des qualités militaires à don Juan-Emmanuel et désireux de les lui voir employer au service de la religion, il fut assez magnanime pour lui offrir le pardon de toutes ses fautes et le rétablissement dans tous ses biens et dignités, s'il voulait rentrer à son service. Don Juan poussa la haine jusqu'à refuser ces offres !

Le roi ne s'occupa plus de ce sujet altier, et se livra tout entier aux préparatifs de la guerre qu'il méditait, et dont le bruit répandit la terreur à la cour de Grenade.

En 1330, l'armée se mit en campagne et le roi s'empara de Teba, puis de plusieurs autres places, après quoi il revint à Séville où le roi de Grenade, tremblant pour son royaume, lui envoya des ambassadeurs pour implorer la paix : celui-ci consentit à tenir son sceptre en qualité de vassal de la couronne de Castille et à payer un tribut annuel de 12,000 pièces d'or, ce qui fut accepté.

Mais il était aisé de comprendre que ce traité, dicté par la peur, serait violé par le roi de Grenade dès qu'il se sentirait assez fort pour résister à Alfonse; aussi fit-il tout ce qu'il pût pour obtenir du roi de Maroc un secours d'hommes avec lequel il put venir mettre le siège devant Gibraltar.

Certes, en temps ordinaires, il eut été facile à Alfonse d'avoir raison de cette agression et d'anéantir la flotte et l'armée marocaine; mais, malheureusement, des troubles intérieurs s'étaient encore élevés en Castille, grâce à don Juan-Emmanuel, qui avait fini par mettre la maison de Lara dans ses intérêts en se liant étroitement avec don Juan Nunez, qui jusqu'alors avait fidèlement servi le roi.

Alfonse, toujours désireux de s'attacher don Juan, lui donna encore un grand et bel exemple de générosité et de confiance; à la suite d'une entrevue qu'il daigna accorder à celui-ci, il se rendit seul dans la citadelle de Becerril, occupée par don Juan et ses partisans, et prit place à table au milieu de tous ses ennemis. Touché de cette confiance, don Juan allait sans doute se réconcilier, lorsque, au moment d'aller le lendemain trouver le roi, un avis mensonger lui donna à craindre qu'Alfonse voulait le retenir prisonnier, et il rebroussa chemin.

Alfonse regretta cet incident ; mais il continua à marcher contre le roi de Grenade pour avoir la douleur de voir la place livrée à l'ennemi par son gouverneur et pour être obligé de signer un traité qui laissait Gibraltar en la possession des Maures, après avoir inutilement tenté de la secourir et avoir fait des prodiges de valeur sous ses murs.

Mais tout lui faisait une loi d'y consentir ; la Castille était en pleine révolte, don Juan-Emmanuel, don Juan Nunez de Lara et don Juan-Alfonse de Haro y commettaient des désordres sans nombre ; une prompte répression était devenue indispensable. Le roi jugea que le moment était venu de déployer une sévérité exemplaire et de montrer que s'il avait jusqu'alors traité les rebelles avec mansuétude, espérant toujours les voir rentrer dans le devoir, il ne tenait qu'à lui de les anéantir.

Rentrant donc dans sa capitale, il se prépara à agir, et bientôt don Juan de Haro, réfugié à Agonzillo, fut investi dans la place et sommé de paraître devant le roi qui le condamna à mort, ce qui fut exécuté par la main du bourreau.

Ce châtiment donna à réfléchir aux confédérés. Déjà don Juan de Lara s'était dérobé par la fuite au sort qui l'attendait, et Alfonse, en le poursuivant, s'était emparé de toutes les places qu'il possédait ; bientôt il eut recours à la magnanime clémence du roi et lui fit proposer un accommodement aux termes duquel il s'engageait à le servir fidèlement, et ce prince eut la générosité de l'accepter comme il accepta la soumission de don Juan-Emmanuel.

Mais l'esprit de ces deux seigneurs était

tellement turbulent qu'ils ne tardèrent pas à nouer de nouvelles intrigues.

Ces fâcheuses menées, qui commencèrent à agiter le royaume dès l'enfance du roi, se continuèrent pendant vingt-cinq ans et furent la cause de l'affermissement des Maures, qu'Alfonse eût expulsés de Grenade, s'il n'eût, pendant tout ce laps de temps, été occupé à combattre les factions élevées au sein du royaume.

Ce ne fut qu'après avoir été une seconde fois sur le point d'être pris dans Lerma, ainsi que tous ceux qui s'y étaient retirés avec lui, que don Juan Nunez implora encore la clémence d'Alfonse, dont le cœur généreux était toujours ouvert à la pitié et au pardon.

Mais vaincu enfin par tant de grandeur d'âme, la conversion de don Juan fut sincère, et il devint l'un des plus fidèles sujets du roi, après en avoir été le rebelle le plus audacieux ; quant à don Juan-Emmanuel, retiré en Aragon, il lutta encore, mais un an après la rentrée en grâce de Nunez, il se soumit et vint à son tour offrir la valeur de son bras au grand roi, dont la belle âme se plaisait à faire preuve de sentiments généreux.

Ces ennemis ramenés à lui, il lui fallut encore armer contre la Navarre, dont le vice-roi, allié avec le roi d'Aragon, lui avait déclaré la guerre, guerre qui se termina par une brillante victoire remportée par les castillans sur les troupes alliées.

Ce fut après ces divers événements, qu'Alfonse XI put enfin, libre de tous soins à l'intérieur, songer à une grande expédition contre les Maures de Grenade, dont il avait à tirer une éclatante vengeance.

Toutefois, ayant eu à se plaindre du roi de Portugal, à l'occasion du mariage de l'infant, don Pedro de Portugal, il voulut au préalable vider cette affaire, et à la tête d'un corps d'armée, il entra dans le Portugal, qu'il ravagea, tandis que sa flotte battait celle commandée par le Génois Emmanuel Penazo, en 1337. De leur côté, les Portugais faisaient irruption en Galice.

Cependant, sur les instances du pape, une trêve eut lieu, en 1338, entre les deux pays, et bientôt l'Espagne chrétienne se disposa à la guerre sainte qu'elle allait avoir à soutenir contre les Maures.

Alfonse XI avait fait alliance avec le roi d'Aragon pour combattre l'ennemi commun, et la campagne s'ouvrit, en 1339, par quelques avantages remportés par les armées chrétiennes du côté de Ronda et d'Antiquera. Puis, après qu'Alfonse se fût assuré que son armée était pourvue de tout ce qui lui était nécessaire, il donna l'ordre à ses troupes de marcher à l'ennemi ; elles battirent le roi de Maroc et lui tuèrent son fils Abul Malic ; il rentra alors en Castille pour s'entendre avec les rois voisins, afin d'assurer le succès de la croisade.

Bientôt, un échec subi par la flotte castillane, hâta les événements. Tarriffa était assiégée par les Maures. Alfonse et le roi de Portugal, suivis de la fleur de la noblesse des deux pays, se mirent en campagne et gagnèrent la fameuse bataille de Salado, où deux cent mille mahométans restèrent sur le terrain.

Pieux comme tous les Alfonse, Alfonse

XI, se hâta de faire hommage au pape de présents considérables à l'occasion de la victoire que le ciel lui avait accordée ; il envoya une ambassade au roi de France, pour l'exhorter à faire la paix avec l'Angleterre, de façon à concentrer toutes les forces chrétiennes contre les Musulmans, qui tremblèrent en voyant les préparatifs qu'Alfonse faisait pour leur extermination.

La journée du Salado avait frappé de terreur le roi de Maroc, et celui de Grenade craignait pour sa couronne ; ils ne tardèrent pas à être de nouveau effrayés par la prise d'Alcala et de quantité d'autres places qui tombèrent au pouvoir du roi de Castille, lequel s'était promis de continuer la campagne jusqu'à ce qu'il eût chassé de l'Espagne le dernier Maure.

Les Etats lui ayant accordé, en 1342, tous les subsides nécessaires pour la levée et l'entretien des troupes, le valeureux monarque se décida à faire en personne la conquête d'Algésiras, et après avoir fait investir la place par mer, il l'assiégea par terre.

Le siège dura deux ans, et pendant ces deux années, chacun remarqua la vaillance et l'intrépidité de ce roi belliqueux qui, sans cesse au plus fort du danger, semblait se multiplier et apparaissait partout où il y avait des ennemis à repousser et à vaincre.

Deux fois il échappa au poignard des assassins, et cent fois peut-être il exposa sa vie pour aller reconnaître ou diriger les travaux de siège qu'il conduisait avec une habileté sans égale.

En vain, le roi de Grenade essaya de faire diversion en attaquant quelques villes frontières, pour obliger Alfonse à lever le siège. En vain, voyant l'inutilité de cette tactique, il demanda une paix qui ne pouvait lui être accordée qu'à des conditions presque inacceptables, puis une trêve qui lui fut refusée, il dut se résigner à traiter de la reddition de la place, qui fut remise au roi de Castille, le 26 mars 1344.

Vainqueur par la force de ses armes, Alfonse voulut encore l'être par ses grands sentiments de générosité, et les filles du roi de Maroc étant tombées en son pouvoir, il les fit richement vêtir et les renvoya à leur père sans exiger la moindre rançon. Ce trait magnifique fit la plus vive impression sur l'esprit d'Abul Hassan, qui exprima toute l'admiration qu'il ressentait pour un tel ennemi.

Les grands succès remportés par Alfonse sur les Maures avaient tellement grandi sa réputation et l'avait rendu si illustre, que le roi d'Angleterre mit tout en œuvre pour former une alliance avec lui, dans la prévision d'une guerre contre la France; mais Alfonse rejeta ses offres et désira garder une neutralité qui lui permît de de se donner tout entier aux soins de son royaume.

Mais un tel monarque ne pouvait demeurer longtemps dans l'inaction, et toujours préoccupé de la pensée de faire payer cher aux Maures la perte de Gibraltar, il songea à reconquérir cette place, et après avoir été engagé à le faire par les Etats assemblés, qui lui accordèrent tous les subsides dont il pourrait avoir besoin, il se mit en campagne et commença par investir la ville, et par terre et par mer, ce qui ne pouvait manquer de l'amener à capituler, par suite de l'impossibilité où elle se trouvait de se procurer des vivres.

Malheureusement, la peste se mit dans l'armée, et l'une des premières victimes qu'elle fit, fut le noble monarque castillan, qui mourut le 26 mars 1350.

Cette mort, à la suite de laquelle Gibraltar fut laissée au pouvoir des infidèles, fut considérée comme un désastre. Tous les sujets de ce grand roi pleurèrent en lui un père, qui s'était toujours montré plus soucieux de leur bonheur que du sien propre.

Il montra un zèle ardent pour la Religion, dont il fut le défenseur et l'appui.

C'est à ce prince si accompli que l'Espagne dut l'institution de l'ordre de chevalerie de la Bande, qui était réservé aux gentilshommes et aux cadets de grande maison. Cet ordre fut longtemps en réputation, et les plus grands seigneurs de la Castille briguèrent l'honneur d'y être reçus.

C'est également à Alfonse XI, que

revient l'honneur d'avoir autorisé publiquement et donné force de loi au code des *siete Partidas* dû à son bisaïeul Alfonse le Sage.

Le nom de Vengeur ou de Justicier lui fut donné en raison de la droiture et de la fermeté qu'il montra lorsqu'il s'agit de punir le crime et de protéger l'opprimé.

ALFONSE XII

ALFONSE XII

Alfonse XII est né le 28 novembre 1857 ; il est fils de François-d'Assise-Marie-Ferdinand, époux de Marie - Louise - Isabelle II, reine d'Espagne.

En 1868, à la suite des événements qui livrèrent pendant quelques années l'Espagne aux révolutions, la reine Isabelle vint habiter Paris, accompagnée de son fils, alors prince des Asturies.

Ce prince y commença ses études ; mais, lorsque la funeste révolution du 4 septembre 1870 vint renverser l'Empire français, la famille royale d'Espagne dut quitter Paris, et le prince Alfonse alla achever ses études scientifiques et littéraires en Autriche, puis termina son éducation militaire en Angleterre, où il se trouvait, lorsque la dépêche suivante fut adressée de Madrid à Paris, à la reine Isabelle :

« Madrid, 31 décembre 1874, midi 15 m.

« *A. S. M. la reine Isabelle de Bourbon,*
à Paris.

« Les armées du centre et du nord, ainsi que les garnisons de Madrid et des provinces, ont proclamé don Alphonse XII, roi d'Espagne. Madrid et toutes les villes de la Péninsule répondent à cette proclamation avec les marques du plus grand enthousiasme.

« Nous prions Votre Majesté de vouloir bien faire parvenir cette nouvelle à son auguste fils, car nous ignorons où il se trouve en ce moment.

« Nous félicitons de tout cœur Vos Majestés de ce grand triomphe obtenu sans lutte et sans effusion de sang.

« Primo de Rivera,
« Canovas del Castillo. »

La nation espagnole, dont les sentiments monarchiques ne pouvaient s'accommoder avec une forme de gouvernement qu'elle avait pu subir, mais qu'elle abhorrait, venait enfin, par acclamation, et sans qu'une goutte de sang fut répandue, de restaurer la monarchie et de proclamer roi, l'héritier d'Isabelle-la-Catholique, qui était appelé au trône, en vertu de l'acte d'abdication volontairement consenti en sa faveur, par la reine Isabelle II, sa mère, le 25 juin 1870.

La nouvelle de ce grand événement, qui rendait à l'Espagne toutes les garanties de bonheur, de prospérité, de stabilité et de gloire, trouva le nouveau roi plein de calme et de sage résolution. D'ailleurs, il n'avait jamais douté que l'Espagne revint bientôt du moment d'égarement dans lequel l'avait entraînée une poignée d'ambitieux, et il s'était préparé, en fortifiant son esprit par l'étude, à se rendre digne du trône que lui assuraient sa naissance et l'amour de tous ceux qui se rappelaient la splendeur de l'Espagne pendant l'ère monarchique. — Alfonse le dit lui-même dans la magnifique allocution qu'il adressait à la noblesse espagnole, en réponse au manifeste dont celle-ci avait salué l'entrée du prince dans sa dix-huitième année :

« Ce que je puis dire, c'est que je n'omettrai rien pour me rendre digne de la difficile mission de rétablir dans notre noble nation, en même temps que la concorde, l'ordre légal et la liberté publique, si Dieu, dans ses secrets desseins, vient à me les confier. »

Nobles paroles, que suivent celles-ci, qui sont tout un programme politique :

« Il n'y a pas à attendre que je décide rien par moi-même d'une façon arbitraire. Les princes espagnols n'ont jamais résolu les affaires difficiles de la nation sans Cortès, dans les temps anciens de la monarchie, et ce n'est pas moi qui oublierai cette juste règle de conduite dans ma condition présente, alors que tous les Espagnols sont habitués aux procédés parlementaires. L'heure venue, l'entente et l'accord sur les questions à résoudre seront faciles entre un prince loyal et un peuple libre. »

« Je ne désire rien tant que de voir

notre patrie être libre véritablement. A
ce résultat doit puissamment contribuer
la dure leçon du temps actuel ; cette
leçon ne peut être perdue pour personne ;
elle le sera moins encore pour les hon-
nêtes et laborieuses classes populaires, victimes de sophismes perfides ou d'absur-
des illusions. Tout ce que nous voyons
enseigne que les nations les plus grandes et
les plus prospères, celles où germent le
mieux l'ordre, la liberté et la justice, sont
celles qui respectent le plus leur histoire.
Cela n'empêche pas qu'elles observent et
suivent d'un pas sûr la marche progressive
de la civilisation. Plaise donc à la divine
Providence que le peuple espagnol s'inspire
un jour de ces exemples !

« Pour ma part, je dois à l'infortune
d'être en contact avec les hommes et les
choses de l'Europe moderne. Si l'Espagne
ne prend pas dans cette Europe une position digne de son histoire, une position
indépendante et sympathique, ce ne sera
ma faute ni aujourd'hui ni jamais.

« Quelle que soit ma destinée, je ne

cesserai pas d'être bon Espagnol, bon catholique, comme tous mes ancêtres, ni vraiment libéral, comme homme du siècle. »

Heureux le peuple dont le souverain est animé de telles intentions !

Son avénement au trône fut salué par le témoignage d'une sympathie universelle provoquée, non-seulement, par les brillantes qualités du jeune prince, mais encore par les principes d'ordre et de liberté qu'il représente.

Les souverains de l'Europe s'empressèrent de faire connaître au nouveau roi leur vive satisfaction et de lui exprimer les vœux qu'ils formaient pour son bonheur.

A ces manifestations spontanées des monarques européens, vint se joindre celle d'un prince qui, lui aussi, attendait avec confiance, dans l'exil, que la grande voix du peuple le replaçât sur le trône, et qu'une mort glorieuse a ravi depuis à la France.

Le Prince Impérial et l'Impératrice Eugénie envoyèrent un télégramme à la reine Isabelle pour féliciter le jeune roi.

Le noble descendant des glorieux Alfonse montra un vif empressement à tenir les promesses qu'il avait faites précédemment.

Son premier soin, avant d'aller prendre possession de son royaume, fut d'envoyer une dépêche au pape Pie IX pour lui demander sa bénédiction et pour lui annoncer qu'il serait, comme l'avaient été ses ancêtres, le défenseur des droits du Saint-Siège.

Puis il partit pour la France, où l'attendait son auguste mère.

Aux compliments qui lui furent adressés, à son arrivée à Paris, par le chargé d'affaires, M. Hernandez y Gorrita, à la tête de tout le personnel de l'ambassade, Alfonse répondit qu'il ne se faisait point illusion sur les difficultés de sa tâche, mais qu'il voulait s'entourer des hommes capables et sages de tous les anciens partis, et qu'avec l'aide et le concours de l'armée, de tous les Espagnols, il comptait surmonter tous les obstacles et réaliser son premier désir : la pacification de l'Espagne.

« Mon intention, dit-il en terminant, est d'être le roi de *tous* les Espagnols. »

Belles et nobles paroles qui devaient lui assurer immédiatement la sympathie de toute l'Europe monarchique.

Au reste, quel roi la mérita davantage !

Son premier acte souverain inaugura son règne de la façon la plus généreuse ; il accorda une amnistie complète à tous les carlistes ! et ceux qu'il fut obligé de combattre ne purent s'en prendre qu'à leur regrettable et coupable attitude vis-à-vis d'un roi plein de mansuétude, et chef d'une monarchie libérale et sagement progressive.

L'Espagne entière fut en fête lorsqu'Alfonse XII fut rentré dans ses États, et Madrid, la capitale, montra un véritable enthousiasme ; mais le jeune roi savait qu'il avait un devoir impérieux à remplir ; sa grande âme souffrait de voir certaines provinces espagnoles agitées par les partisans de don Carlos, et préférant la vie des camps à celle des cours, il ne s'attarda pas dans les fêtes de Madrid et il se rendit immédia- à l'armée du Nord, afin de fortifier les troupes par son exemple, et le 22 janvier 1875, il adressait, de Peralta, à ses soldats, la proclamation suivante :

« Soldats de l'armée du Nord,

« Ce n'est pas par ambition ou par un amour juvénile de la gloire que je vous demande aujourd'hui abnégation et souffrance et que je vous demanderai demain votre sang. Non, je vous demande tous ces sacrifices pour conquérir la paix.

« J'ai suivi de loin avec admiration vos pénibles campagnes dans lesquelles vous avez montré que vous étiez les dignes successeurs de vos pères. Je viens aujourd'hui dans vos rangs avec le désir de me rendre aussi digne des glorieux Alfonse, mes ancêtres, et j'espère démontrer que je le suis, si j'en trouve l'occasion.

« Mais ceux que vous avez devant vous sont aussi Espagnols, et avant que de nouvelles batailles s'engagent par mon ordre, je leur ai adressé, comme vous le savez déjà, des paroles affectueuses et conciliantes. Que la responsabilité de tout le sang innocent qui sera encore versé retombe donc sur ceux qui n'ont pas voulu les écouter.

« En y restant sourds et en prolongeant cette funeste guerre, sans motif, sans prétexte même, ils semblent dédaigner les liens fraternels qui les unissent à vous depuis tant de siècles, et faire peu de cas de votre courage.

« Nobles fils des antiques royaumes de Castille et d'Aragon, vaillants Basques et Navarrais, fidèles, comme vous devez l'être à la patrie, le moment est venu de prouver par les armes leur indigne erreur à ceux qui pensent ainsi. Du haut de ces montagnes, dans lesquelles s'abritent vos adversaires, votre devoir de soldats, votre honneur d'Espagnols vous appellent en même temps à une lutte décisive. Engageons-la donc et vainquons !

« Dieu protégera certainement ceux qui combattent pour conquérir la paix et pour vivre paisibles et libres dans leurs campagnes et leurs foyers, et non pas ceux qui dirigent volontairement leurs armes contre les droits de leur souverain légitime, contre les intérêts de toutes les provinces de la monarchie, et contre la liberté des autres Espagnols, en un mot, contre la patrie.

« Suivez avec confiance vos drapeaux, qui vous conduiront à la victoire, comme ils l'ont fait tant de fois, et puisque vous êtes tous des vétérans, c'est à vous d'apprendre à votre roi à combattre et à vaincre !

« ALFONSE DE BOURBON ET BOURBON.

Et en même temps, en s'adressant aux habitants des provinces Basques et de la Navarre, il leur disait :

« Habitants des provinces basques et de la Navarre,

« De retour dans cette patrie, aujourd'hui si malheureuse, bien qu'elle soit également aimée de tous, je ne ressens aucun désir plus grand que celui de la paix.

« J'ai toujours été moins attristé par

la longue absence à laquelle j'ai été contraint
que par la vue du déchirement, de l'appau-
vrissement et du déshonneur infligés, dans
ces derniers temps, à l'Espagne, par une
guerre civile aussi stérile que sanglante.

« Je suis monté sur le trône comme
je le désirais, c'est-à-dire sans qu'on ait
versé une goutte de sang pour ma cause. Si
vous barrez le chemin à mon armée, il faudra combattre ; mais ne je verrai le combat
qu'avec une profonde douleur. Ces vallées
déjà dévastées, ces fermes et ces villages
déjà en cendres, tout ce pays que vous arro-
sez à présent du sang de vos frères, je l'aime
comme quiconque est né sur le sol espagnol, comme quiconque a passé parmi vous
les jours fortunés de son enfance, comme
quiconque vous a connus paisibles et libres,
heureux et joyeux, en un mot dignes d'envie
pour vos compatriotes et pour l'étranger.

« Mes sentiments d'Espagnol et de roi
véritable ne me permettraient pas d'aviver,
ni même de tolérer une guerre inutile
comme celle que vous soutenez déjà contre
tout le reste de la nation.

« Quel motif avez-vous pour la continuer ? Si vous avez pris les armes pour obéir à la foi monarchique, vous voyez en moi le représentant légitime d'une dynastie à laquelle vos cœurs loyaux ont juré, dans un autre temps, une fidélité éternelle, et qui fut on ne peut plus loyale avec vous jusqu'au moment de sa chute momentanée.

« Si c'est la foi religieuse qui vous a mis les armes à la main, vous voyez en moi un roi catholique comme ses ancêtres, et reconnu partout par les cardinaux et par les plus pieux prélats comme le réparateur des injustices qu'a éprouvées, jusqu'ici, l'Eglise, et comme l'un de ses plus solides appuis dans l'avenir. Je suis aussi, il est vrai, et je serai toujours un roi constitutionnel ; mais vous, qui avez un si grand amour pour vos respectables libertés, pouvez-vous soutenir le mauvais désir que l'on nourrit de priver les autres Espagnols des libertés légitimes, auxquelles ils sont accoutumés ? Je ne saurais me l'imaginer.

« Tout me porte, au contraire, à croire que vous ne tarderez pas à déposer les armes avec lesquelles vous combattez aujourd'hui contre le droit monarchique, auquel vous avez juré fidélité, contre l'Eglise même, représentée par ses princes et ses prélats, et contre la patrie. Déposez-les, et vous m'épargnerez la douleur de voir couler dans les deux camps le sang espagnol. Déposez-les, et vous aiderez ainsi, de la manière la plus efficace, à la fidèle île de Cuba à recouvrer l'opulence à laquelle vous avez toujours participé si grandement. Déposez-les, et vous recommencerez immédiatement à jouir de tous les avantages que vous avez eus pendant plus de trente ans, sous le sceptre de ma mère, et la prospérité et l'allégresse renaîtront comme par enchantement dans vos montagnes.

« Les fils retourneront immédiatement dans les bras de leurs pères ; le fruit de vos sueurs et de vos labeurs sera de nouveau sacré, et au lieu du bruit du canon par lequel on vous convie aujourd'hui, vous entendrez retentir dans vos campagnes le sifflet des locomotives, qui ne cessaient naguère de vous apporter la richesse et tous les dons magnifiques de la civilisation.

« Avant de déployer mon drapeau sur les champs de bataille, j'ai voulu me présenter à vous un rameau d'olivier à la main. Ne soyez pas sourds à cette voix amie qui est celle de votre roi légitime.

« ALFONSE DE BOURBON ET BOURBON. »

Les opérations militaires commencèrent immédiatement, et le 4 février, la dépêche suivante, datée de Tafalla, était adressée à Sa Majesté la reine Isabelle, à Paris.

Quartier général d'Oteiza, le 3 février 1875.

« Sa Majesté le roi a reçu le baptême du feu sur les hauteurs du mont Esquinza.

« Des forces ennemies ayant attaqué l'Ermitage de Cristobal, probablement parce que le quartier général s'y trouvait, le roi a engagé le combat sans que les réflexions de la prudence pussent réprimer l'ardent désir qu'il ressentait de partager les périls de la lutte avec ses loyales troupes.

« La présence de Sa Majesté sur le champ de bataille, a enthousiasmé les soldats, qui ont applaudi le roi avec ardeur.

« Sa Majesté a montré un grand calme, a consolé les blessés et a conféré le grade immédiatement supérieur à un commandant qui a été blessé au moment où il lui parlait.

« Après avoir repoussé l'ennemi, le roi s'est rendu aux postes avancés établis sous Villatuerta, d'où il a assisté à une attaque simulée contre les hauteurs qui dominent ce bourg. Il a pénétré ensuite dans cette localité pour y passer la nuit. »

Bientôt, Pampelune fut débloqué, et l'armée régulière s'empara de Puente de la Reyna, où don Carlos avait, quelques jours plus tôt, installé son quartier général.

Devant la manifestation de l'opinion publique, qui, dans toute l'Espagne, se prononçait ouvertement en faveur du nouveau roi, il était bien difficile aux carlistes de lutter longtemps ; cependant, ils continuèrent à faire des efforts stériles dans quelques provinces.

Ce fut alors qu'Alfonse XII prit une résolution énergique, commandée par la circonstance. Il répugnait à son âme espagnole de prodiguer le sang des malheureux égarés sous la bannière de don Carlos; il eut une inspiration de haute politique : un décret royal, du 1er juillet, ordonna l'expulsion du territoire espagnol de toute famille dont le chef ou l'un des fils servaient sous les drapeaux du prétendant.

De cette façon, il était sûr de désorganiser l'armée ennemie, sans être obligé de la réduire par les armes, mais en même temps, toutes les mesures étaient prises pour achever de vaincre les rebelles dans le cas où ils persévéreraient à tenir la campagne.

De nouvelles levées, décrétées par le ministère, augmentèrent jusqu'à 350,000 hommes l'effectif de l'armée nationale, et au Nord seulement, on put en réunir 20,000. Le plan des opérations définitives, préparé dit-on par l'habile général Martinez Campos et exécuté par des hommes de guerre consommés, Quesada, Loma, Morionès, Primo de Rivera, acheva ce qu'avaient si bien commencé Pavia et Jovellar.

On vit alors successivement les carlistes abandonner toute la région au pied de l'Ebre et la plaine aragonaise au nord de ce fleuve ; la Seu d'Urgel capitula le 27 août, Vittoria, dans l'Alava, était conquis ; bref, la guerre ne fut qu'une suite de succès pour l'armée d'Alfonse, et bientôt Estella, la citadelle du carlisme, ouvrait ses portes au jeune roi, le 19 février 1876.

Le 28 du même mois, don Carlos se réfugiait sur le territoire français.

Le carlisme était vaincu.

L'Espagne, sous l'égide de son roi, allait enfin pouvoir jouir sans trouble des bienfaits d'une paix féconde et se livrer tout entière au travail, au commerce à l'industrie, dont le développement fait les nations grandes et prospères.

Un événement important se préparait, le mariage du roi.

Alfonse XII épousa, le 23 janvier 1878,

sa cousine, l'infante Mercédès, fille du duc de Montpensier, née le 24 juin 1860, et cette union combla de joie tous ceux qui aimaient l'Espagne. Le mariage fut célébré à Madrid, dans l'église d'Atocha, avec une pompe digne des plus beaux temps de la monarchie espagnole.

Quatre jours entiers de réjouissances publiques et populaires, fêtèrent ce grand événement national.

Malheureusement, l'allégresse fut de courte durée, et le 27 juin suivant, la jeune reine, si sympathique à toute l'Europe, succombait aux atteintes d'une terrible maladie.

Cette épouvantable catastrophe fut cruelle à supporter pour le roi Alfonse, douloureusement frappé dans sa plus chère affection.

Mais il comprit qu'il se devait à son peuple, et se voua tout entier aux soins de son bonheur.

Et cependant, au mois d'octobre 1878, Sa Majesté faisait sa rentrée à Madrid, arrivant de Sarragosse, après un voyage

qui n'avait été qu'une longue ovation offi-
cielle et populaire, lorsqu'un misérable
assassin osa attenter à ses jours ; un coup
de pistolet fut tiré sur le Roi, mais la Providence ne permit pas que le restaurateur de
la monarchie espagnole périt victime d'un
aussi lâche attentat. Il ne fut pas atteint.

Le coupable, arrêté sur l'heure, avoua
qu'il était socialiste international.

Il n'y avait qu'un homme appartenant
à un tel parti, qui put commettre une telle
action.

Non-seulement son exécrable forfait
échoua, mais il eut pour résultat de provoquer une indignation générale parmi toute
la nation, et de resserrer les liens qui unissent le peuple au roi.

Tout le monde, en Espagne, remercia
Dieu d'avoir protégé les jours du roi ; on se
félicitait d'avoir échappé au danger de re-
tomber sous le joug des agitateurs ennemis
de la monarchie, qui ne reculent pas devant
le crime pour le triomphe de leurs coupables doctrines.

La nation espagnole a traversé ce temps

des folies révolutionnaires ; elle a souffert des excès d'une République dont la seule forme blessait toutes ses aspirations. Mais, aujourd'hui, l'Espagne catholique, monarchique et libérale de Alfonse XII n'a plus qu'un désir ardent, fermer à jamais l'ère des révolutions et vivre heureuse et paisible sous le sceptre du meilleur de ses rois, qui a compris que si la Providence lui avait rendu le Trône, c'était afin d'y asseoir une dynastie, et un nouveau mariage vient donner à l'Espagne la sécurité pour l'avenir.

S. M. Alfonse XII épouse Marie-Christine d'Autriche, fille de l'archiduc Charles-Ferdinand et de l'archiduchesse Elisabeth.

Cette union est un nouveau lien entre les maisons royales d'Espagne et d'Autriche.

C'est le gage d'une nouvelle ère de paix et de bonheur pour la nation espagnole.

TABLE DES MATIÈRES

FIN DE LA TABLE DES MATIÈRES

FÉCAMP. — IMPRIMERIE DE L. DURAND, PASSAGE SAUTREUIL

IMPRIMERIE DE L. DURAND. FÉCAMP

PASSAGE SAUTREUIL